技术变革和全球可持续发展新动能

Technological Revolution and New Driving Forces for Global Sustainable Development

Collected Wisdom of International Schumpeter Society

国际熊彼特学会演讲集

Yao Ouyang, Richard R. Nelson, Horst Hanusch

[中] 欧阳峣　　[美] 理查德·R. 纳尔逊　　[德] 霍斯特·汉思奇　主编

石俊国　胡绪华　译

格致出版社　上海人民出版社

序　言

沿着熊彼特开辟的道路前行

　　国际熊彼特学会(ISS)于1986年在德国创办,致力于研究国际创新大师熊彼特的思想以及创新发展和组织理论,是国际上最具影响力的创新研究学术组织。2018年7月初,在首尔大学召开的国际熊彼特学会执行委员会会议上,我很荣幸地当选为第十九届国际熊彼特学会主席,负责组织学会的学术活动和科学研究。

　　最近几年,我们围绕"技术变革和全球可持续发展新动能"这个主题开展学术研究,并邀请一些国际知名专家提交了相关研究成果。这些专家来自全球的发达国家和新兴国家,包括美国哥伦比亚大学教授、国际熊彼特学会荣誉主席理查德·R.纳尔逊(Richard R. Nelson),德国奥格斯堡大学教授、国际熊彼特学会创始人霍斯特·汉思奇(Horst Hanusch),英国牛津大学教授、英国社会科学院院士傅晓岚(Xiaolan Fu),北京大学教授、发展中国家科学院院士林毅夫（Justin Yifu Lin），韩国首尔大学教授、联合国发展政策委员会委员李根（Keun Lee），日本早稻田大学教授、国际熊彼特奖获得者清水弘（Hiroshi Shimizu），联合国大学教授、《演化经济学期刊》主编巴特·弗斯帕根（Bart Verspagen）等。他们的研究论文比较集中地探讨了四个领域的问题：第一，经济变迁的演化过程、颠覆性技术变革的效应以及经济学中的复杂性问题；第二，当代技术变革的发展趋势、技术创新推动可持续发展的路径以及数字经济带来的机遇和挑战；第三，发展中国家的技术创新和产业升级、后发国家跨越式发展的技术和体制原因，以及新兴产业加速迭代的技术创新动力；第四，创新和创业的协同机制、创新和企业家精神的作用，以及适应数字经济的教育和创业方式变革。通过对这些问题的探讨，比较系统地回答了在全球经济低迷的背景下，如何从新技术变革中寻求全球可持续发展新动能这一重大课题。

自 2008 年全球金融危机以后，全球经济长期增长呈现出低迷态势。无论是发达国家还是新兴市场国家，经济增长的现状和前景都不容乐观。这种普遍现象是由多重复杂原因造成的，许多经济学家把它归结为经济结构的长期扭曲和过度依赖金融经济发展模式。那么，怎样寻找走出经济低迷的道路，怎样寻求全球可持续发展的新动能呢？这些问题需要我们开展长期持续和深入系统研究，这就为熊彼特创新发展理论的应用和兴起提供了新机遇。具体地说，就是遵循通过创造性破坏实现增长的熊彼特范式，从新的技术变革中寻求全球可持续发展的新动能。在这里，有三个问题值得我们认真研究和思考。

第一个问题,研究当代技术变革的趋势和特征,以及怎样利用技术变革促进可持续发展。回顾过去的历史,蒸汽机的发明启动了第一次工业革命,电力的发明启动了第二次革命,信息技术进步则启动了第三次工业革命。世界经济论坛创始人克劳斯·施瓦布(Klaus Schwab)将各种新兴突破性技术及其应用称为"第四次工业革命",还有专家提出 21 世纪是生物技术的时代。我认为数字经济和人工智能是信息技术的新突破,生物技术在逐步兴起并和信息技术一起成为整体经济的核心技术;新一轮技术革命呈现出以先进信息技术和生物技术为引领,各种新兴突破性、技术交叉融合的态势。历史和现实告诉我们,新的技术革命将产生新的产业形态、新的商业模式和新的就业岗位。而经济学家应该思考,怎样利用数字技术和人工智能促进产业升级和经济繁荣,怎样利用生物技术培育新的经济增长点和促进绿色发展。

第二个问题,研究当代发达国家技术变革效应,以及怎样通过新的技术突破实现新的增长。一些经济政策制定者沉迷于教条式的经济周期理论,深信每次金融危机造成经济衰落之后将会自然地重新走上正轨。然而,随着发达经济体依赖流动性和负债的问题越来越严重,经济衰退开始向发达经济体蔓延,而那种周期性的反转显得越来越困难。因此,经济学家应该反思教条式的经济理论,重新思考经济发展模式,特别是通过吸引制造业回流改善国家经济结构,重整高端制造业。为此,需要利用各种新兴技术的突破,促进制造业升级,进而创造新的产业、新的业态和新的商业模式。

第三个问题,研究当代新兴国家技术变革路径,以及这些国家怎样通过技术创新跨越中等收入陷阱。近些年来,以"金砖国家"为代表的新兴市场经济增长速度放缓。这些国家曾经利用发达国家先进技术的外溢效应,通过模仿创新促进经济的增长和繁荣。然而,由于主要依靠高投入、粗放型的经济增长方式,这些国家被锁定在国际价值链的低端位置,并且随着自然资源和劳动力价格上涨,逐步丧失制造业的成本优势。为此,需要构建良好的创新生态圈,实现从模仿创新到自主创新的转型,通过掌握关键核心技术进入国际产业链的中高端位置,从而成功跨越"中等收入陷阱"。

熊彼特经济学的基本精神,就是通过创造性破坏实现经济发展,特别是重视技术创新、企业家精神和经济结构的动态变化。熊彼特教授认为,伴随着经济走向繁荣的,必然是新技术和新企业的大量涌现;特别需要企业家履行创新的职能,致力于生产要素的新组合,不断创造新的产品、新的工艺、新的市场、新的原料来源和新的组织方式。为此,我们作为经济学家,就应该沿着熊彼特开辟的道路前行,推动创新理论和演化经济学的深化研究,将创造性破坏的力量引向可持续和包容性繁荣,为全球经济可持续发展作出积极贡献。

欧阳峣

第 19 届国际熊彼特学会主席

目　录

1 对经济变迁视为演化过程的评论

理查德·R.纳尔逊（Richard R. Nelson）[*]

内容提要 创新是驱动经济体系发生变化的关键，与生物进化中突变的随机性相比，经济创新在很大程度上是相关经济行为者有计划、有重点的活动的结果，这些经济行为者通常使用非常复杂的知识体系来指导自己的工作。尽管创新驱动的经济变迁在许多方面与生物进化不同，但我和其他熊彼特研究学者认为，将这一经济变迁过程视为广义上的进化，有助于对经济变迁过程展开思考。在我们所经历的经济发展中，各经济部门的进展非常不均衡。理解经

---

    [*] 理查德·R.纳尔逊，演化经济学的开拓者和奠基人，国际熊彼特学会名誉主席。1956年在耶鲁大学获得经济学博士学位，曾在耶鲁大学和哥伦比亚大学任教授。在肯尼迪政府时期曾担任美国总统经济顾问委员会的工作人员，并在兰德公司任职。他的研究主要是试图阐明发达经济体和赶超型经济体的长期经济发展过程，他特别关注技术进步及其来源以及技术进步如何推动经济进步，这些研究兴趣促进了经济增长的演化理论的发展[与西德尼·温特（Sidney Winter）合作]。近年来，他在这方面的研究更广泛地聚焦于技术、产业结构和制度的共同演变，并坚持认为现代经济在结构和运作方面要被理解为非常"混合"的，涉及的内容远比市场机制更多。因其卓越的研究，他获得过丁伯根奖、列昂惕夫奖和凡勃伦-康芒斯奖等研究奖项和荣誉称号。

济进步如此不均衡的原因,以及如何在迄今为止进步非常缓慢的关键领域更好地实现突破,是熊彼特经济学家和政策制定者以及所有国家面临的重大挑战。这要求我们摆脱从总量角度思考经济发展的思维方式。今天所有相对成功的现代经济体都使用了各种不同的机制和机构。这些举措不仅是为了产生创新,也是为了更好地组织和管理经济活动以满足其多种多样的需求。

我们熊彼特式的研究人员致力于研究长期处于变迁中的经济系统,并且认为创新是经济变迁的关键驱动力。正如熊彼特本人在他后来的著作中所描述的那样,在我们这一群体中,有相当一部分人将经济变迁过程视为演化过程。接下来将阐述这一思想的意义,以及近年相关实证研究所得到的一些重要启示。

宣称经济变迁是一个演化过程,并不是要贬低作出关键决定的经济行为者的目的和知识;相反,这些经济行为者的决定塑造了经济变迁的速度和方向。与生物进化中突变的随机性相比,经济创新在很大程度上是相关经济行为者有计划、有重点的活动的结果,他们往往采用非常复杂的知识体系来指导相关工作。一项创新是否能在经济中成功立足——经济演化中的选择过程——在很大程度上是由经济行为者有意识的选择决定的。经济演化的这些方面与生物进化中突变和选择的发生方式有很大的不同。而且,在经济演化中,一个经济实体的成功做法往往成为在类似情况下运行的其他经济实体模仿的目标。一般而言,一种新的做事方式,如果比以前的最佳做法更有效,往往会在一段时间内被该活动领域的许多经济实体所采用。这也与生物进化中通常只能由基因遗传和基因突变直接决定的个体物种形成了鲜明对比。

然而，虽然经济进步的过程通常是由人类和组织行为者推动的，他们的目的性很强，并且都经过深思熟虑；但是，能否成功开发任何一种新工艺或新产品是非常不确定的，很大一部分努力是无果而终的。许多工作确实取得了突破性进展，这些进展都经历了多次失败，并解决了早期版本中存在的各种问题。同样，在经济体中也要努力适应其他人开发的创新成果。要成功地做到这一点，往往需要大量的试错和学习。

所以说，某个经济活动领域的持续进步通常需要许多不同的创新努力同时进行，其中大多数努力会失败，仅一小部分会成功。往往只有在经过一系列失败的实验和大量学习后才能知道什么可行，什么不能奏效。

因此，尽管创新驱动的经济变迁在许多方面与生物进化不同，但我和其他熊彼特研究学者认为，将这一经济变迁过程视为广义上的进化，有助于对经济变迁过程展开思考。首先，这一概念导向使人们清楚地认识到：创新和创新驱动的经济变迁不能以任何精细的细节来预测或规划。这并不是说在很大程度上不能很好地预测大方向，也不是说规划不能影响创新和经济变迁的大方向；相反，这是为了强调认识经济变迁所涉及的不确定性和主要危险的重要性，包括过早致力于某一特定的潜在技术进步途径导致失败的高可能性，以及不断修正方向，进而通过在实践中吸取经验教训来不断地纠正以前的道路的重要性。

　　我想强调的是,我们所经历的经济进步还有一个方面,即各个经济部门的发展是非常不均衡的。我们已经知道,在解决一些生活需求方面,我们有了显著进步,但在另一些需求方面,多年来我们根本没有取得任何进展。与决定长途通信、计算机和许多医学领域的成本和效率的巨大技术进步相比,在教育实践的生产率和效率方面取得的进展非常小。这些年来,几乎所有国家的住房成本都增加了很多,这反映了房屋建筑和设计的许多方面都相对停滞不前。正如这些例子所表明的那样,我们面临的最紧迫的经济挑战是如何提高商品和服务供给的质量和数量,而迄今为止在这方面取得的进展非常有限。

　　当我们用国民生产总值(GNP)或人均国民生产总值,或者整个经济中全要素生产率(TFP)的提高等总体衡量指标来描述我们所经历的经济进步时,所取得的进步的不均衡特点就被弱化了。经过多年的经济发展,我们仍然存在一些尚未解决的紧迫需求。理解经济进步如此不均衡的原因,以及如何在迄今为止进步非常缓慢的关键领域更好地实现突破,是熊彼特经济学家和政策制定者以及所有国家面临的重大挑战。这要求我们摆脱从总量角度思考经济发展的思维方式。

　　现在来谈另一个重要的问题,具有熊彼特演化论倾向的学者们已经引导我们对以下问题进行了理解:参与产生技术进步过程的各种不同类型的机构的差异,不同经济部门关键参与机构和它们所做的工作的差异,以及不同部门普遍存在的分工背后的决定因素。我们和其他研究创新过程的学者一样,当然承认在大多数经济活动领域,生产产品和服务的组织——通常是市场经济中的企业——在创新中发挥着核心作用。但我们更强调企业对客户需求的了解和对现行技术优势和劣势的掌握,而没有直接参与这些活动的其他组织却难以拥有这么深刻的知识。在许多经济领域,大学和专业研究机构发挥着关键作用;但在大多数领域,它们的作用主要是推进基本理解,即"为推进实践的努力指明有希望的道路"。虽然在某些经济活动领域,大学和公共实验室在创新中发挥着实质性的重要作用。但我们要强调的是,只有当它们与生产相关产品和服务的组织有非常密切的联系及互动(即信息双向流动)时,它们这样做才能更加有效。

各个经济部门在所有这些方面都存在巨大的差异。在像美国这样的经济体中,一方面,大学和公共实验室围绕药物开发进行了很多研究,也提供了很多资金给它们。如果研究成功,就为新药的研发指明了方向。但在大多数情况下,这些机构本身并不从事药品研发,而是由制药公司来做这些工作。另一方面,在农业上,政府资助的实验站通常作为示范农场,是新农业实践的重要来源。

我要指出的是,创新的来源是非常丰富、多变的,这是熊彼特本人或不熟悉这一领域的当今经济学家难以想象的。因此,对于我们这些持有这种观点的人来说,要与政策制定者沟通什么样的政策可能有效,什么样的政策在实践中不可能奏效,或者让他们明白,在信息化领域有效的政策与在农业领域有效的政策可能有很大不同,往往是非常困难的。

最后,我想说的是,今天所有相对成功的现代经济体都使用了各种不同的机制和机构。这些举措不仅是为了产生创新，也是为了更好地组织和管理经济活动以满足其多种多样的需求。像美国这样被广泛认为是资本主义国家的国家，不仅利用市场机制和利润激励，而且还采用大量的监管措施，并在很大程度上通过政府的财政手段和指导来运作其经济体的大型部门，如教育部门。像中国这样被广泛认为是社会主义国家的国家，除了政府财政手段和指导外，还利用市场机制、利润和其他激励措施，来引导并激励个人和组织在其经济活动的许多领域采取行动。对于美国和中国而言，市场和政府指导的组合在不同的部门有很大不同，这跟被服务的对象、需求的种类和所使用的技术是有关联的。而两国各部门的模式却有一定的相似性。

这并不是说，用于组织和管理经济活动的不同机制及机构的相对重要性，在不同国家是一样的。然而，我的论点是，今天几乎所有的国家都有非常混合且多样的经济体系，无论它们被称为什么。因此，我们往往可以从彼此身上学到很多东西。我们必须更好地认识到这一点。

2 熊彼特应该如何回应当前颠覆性变革的世界

霍斯特·汉思奇(Horst Hanusch)[*]

内容提要 今天我们生活在一个"风险社会"中,对未来在社会经济层面的特征,积极的期望仍然存在,并影响着社会的福祉。但是,在很大程度上,它们与生存质量的负面风险叠加在一起,比如不断升级的气候变暖。这种"存在性风险"不仅改变了复杂社会经济系统的稳定性和灵活性,而且可能使整个系统陷入突然崩溃的境地。然后,"存在性风险"触及了系统的临界点。现在,对于那些以熊彼特式思维阐述他们的观点和想法的经济学家来说,所有这些意味着什么呢?如何使用熊彼特的方法来捕捉社会经济系统达到临

[*] 霍斯特·汉思奇,德国奥格斯堡大学原副校长、经济研究所荣休教授,国际熊彼特学会创始人并长期担任秘书长,《演化经济学杂志》(*Journal of Evolutionary Economics*)创始主编,国际公共财政研究所名誉主席。研究主要集中在基于创新的熊彼特式经济发展过程中实体部门、金融部门和公共部门之间的相互作用方面。

界点的现状？为了处理当今社会经济现实的两个方面——对经济繁荣的追求和对自然安全的需求，熊彼特式思维需要以何种方式进行修改或转变？这些是本文拟重点回答的问题。

2.1　引言

我们生活在一个变革性的世界中，这不仅意味着政治或意识形态上的巨大冲突，也包括技术和生态正在决定我们在地球上的未来生活。一方面，我们可以看到由数字化、机器人或人工智能等颠覆性技术引起的基本经济变迁，这些技术彻底改变了我们的生产、消费、工作、旅行和消遣自由时间的方式。另一方面，我们必须应对因全球变暖加剧和自然界多样性损失扩大而产生的巨大生态变化。正如联合国政府间气候变化专门委员会（IPCC）的最新报告中所强调的那样，这些损害正在迅速加剧并演变成对人类的生存威胁（IPCC，2022）。

已经证明，无论是全球疾病还是军事冲突，都没有能够使人类的历史进入崩溃的边缘。相反，它们有时甚至会引领人类进入一个新的历史时代，同时伴随着重大创新和非常成功的经济发展。

"大历史"作为一门新兴的科学学科，催生了两部杰出的著作，分别是尤瓦尔·诺亚·赫拉利（Yuval Noah Harari）所著的《未来简史》（*Homo Deus*，2017），以及大卫·克里斯蒂安（David Christians）撰写的《大历史》（*Big History*，2018）。这两本书有力地阐明了在我们这个时代处理未来发展时出现的模糊性。例如，赫拉利指出在人类进化过程中会诞生一个新技术时代,在那里创造性的人类和智能机器将共同建立一个富有无尽增长和繁荣潜力的"伊甸园"。而克里斯蒂安在预测人类的未来时则表达了他最深切的关注。通过扎实的分析,他指出气候变暖和自然多样性丧失的影响,并将它们描绘成人类生存的威胁。

然而,这种预测和解释人类未来的二分法并不是一种新的方法,也不是"大历史"的一个独特特点。几十年前,两位著名的经济学家,即熊彼特和 N.乔治斯库-罗根(N. Georgescu-Roegen)在研究工业革命以来资本主义如何运作时,就得出了类似的模糊结论。

熊彼特是一位富有经济远见的天才,于 1911 年问世的《经济发展理论》是他的成名之作。他在创新、不受约束的乐观主义和个人创造力的基础上建立起来的经济变迁和动态原理,描绘了西半球近二百年以来的巨大经济进步。

乔治斯库-罗根也是预见资本主义发展的一位天才,于 1971 年出版的《熵定律与经济过程》是其代表性著作。熊彼特指出了经济领域固有的内生因素,而乔治斯库-罗根则强调了人类生存与环境禀赋之间的基本关系。他更加关注在一个资源有限、受熵的物理定律支配的世界中的经济发展问题。他的经济世界陷入了一种极其悲观的情景中,在那里人类会遇到生态灾难,甚至人类的生存都可能受到威胁。

1934—1936 年,熊彼特和乔治斯库-罗根在哈佛大学一起工作。然而,这种距离上的便利性并没有促成思想上的交叉融合,从而可能对他们的工作以及他们对资本主义发展的描述产生显著影响。

当熊彼特和乔治斯库-罗根主要在 20 世纪前半叶提出他们的观点时,关于资本主义发展的积极见解和消极见解仍有足够的余地并存。熊彼特的积极且进步的方法仍然承诺了几乎无限的繁荣增长,而乔治斯库-罗根所强调的消极和令人不安的影响还远未成为一种"存在性风险"(existential risks)。

然而,今天我们生活在一个"风险社会"中。德国社会学家乌尔里希·贝克(Ulrich Beck)在 1986 年分析了这一现象,当时"冷战"——核冲突的生存威胁,成为公众讨论的焦点。在"风险社会"中,未来被描述为一个社会经济维度,其中积极的期望仍然存在,并影响着社会福祉。然而,在很大程度上,这些期望与负面的"存在性风险"叠加在一起,比如不断升级的气候变暖。这种"存在性风险"不仅改变了一个复杂社会经济系统的稳定性和灵活性,而且还可能导致整个系统突然陷入崩溃的境地。这时,"存在性风险"就会触及系统的临界点。

现在,对于那些以熊彼特式思维阐述他们的观点和想法的经济学家来说,所有这些意味着什么呢? 如何使用熊彼特的方法来捕捉社会经济系统达到临界点的现状? 为了处理当今社会经济现实的两个方面——对经济繁荣的追求和对自然安全的需求,熊彼特式思维需要以何种方式进行修改或转变?

2.2 传统的新熊彼特演化系统

为了回答这些问题,让我们来看看图 2.1 所示的传统的新熊彼特演化系统(Hanusch and Pyka,2007a),它将是我们分析的出发点。

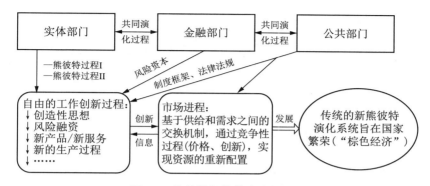

图 2.1　传统的新熊彼特演化系统

　　如图 2.1 所示,传统的新熊彼特演化系统由实体、金融和公共部门三大制度性支柱组成,它们在共同演化的过程中进行了富有成效的合作。实体部门在很大程度上是由"创新过程"决定的,在这个过程中,充满活力的企业家或初创企业(熊彼特过程 I)以及具有国际竞争力的公司(熊彼特过程 II)凭借个人或企业的创造力和突出能力,开发出新的产品、服务和生产工艺。它们需要一定数量的风险资本(由金融部门提供)和良好的制度环境(由公共部门提供)来展开活动。这些新事物作为"创新"因素进入市场,在价格和创新竞争的推动下产生了"创造性破坏"运动,用面向未来的新方案取代或补充旧方案。当这一运动在反馈过程中将来自市场的适当信息反馈到创新过程中时,又会通过扩散和溢出效应创造出不可预见的经济机会(Hayek,"Wettbewerb als Entdeckungsverfahren",1969)。最后,市场进程及其分配机制将能够制定和发展一个"棕色经济"方案,以实现国家的永久繁荣增长。

　　历史表明,这种传统的熊彼特方法能够并有资格带来一种发展,从而使"国家财富"大幅增长。工业革命以来的情况尤其如此

(Gordon，2016)。如今,它在"企业家资本主义"这个短语中得到了极好的诠释,其愿景是经济机会的无限增长,在拥有信息和通信技术"英雄"的硅谷得到了最好的实践。给予像杰夫·贝佐斯(Jeff Bezos)、比尔·盖茨(Bill Gates)或马克·扎克伯格(Mark Zuckerberg)这样充满活力的企业家一个自由的市场环境和必要的风险资本来实现他们的想法,将创造出令人难以置信的成功的"增长引擎"。此外,世界各地不同部门的数千万个初创企业也可以用其经济成功的潜力来验证这一巧妙的熊彼特概念。

在新的变革性技术或颠覆性技术出现时尤其如此,需要有能力的企业家或公司,在配备充足资本的情况下,充分利用现有的各种机会,以或多或少公平的方式在人们之间分配即将到来的利益。从整体上看,这个过程将促进地区和国家的繁荣。

一个自由运作的熊彼特系统甚至可以解决经济繁荣以外的其他基本目标。例如,在过去几年里,数字化在全世界得到了巨大的推动,这激发了越来越多的经济学家的想象力。他们开始畅想着这种技术中蕴含的意想不到的机会,能够将纯粹的经济学与生态需求更紧密地结合起来,甚至将双方转化为一种积极的关系。安德鲁·麦卡菲(Andrew McAfee)将"少投入多产出"("More from Less")作为其新书(于 2019 年出版)的书名,这或许是朝这一方向迈出的第一步。

2.3　定向的新熊彼特演化系统:韧性导向

然而,如果我们考虑到当今的全球状况,这种一厢情愿的想法看起来相当乐观,但似乎与现实相去甚远。一方面,它可以被描述为一种经济状况,像机器人或人工智能这样的革命性技术仍处于起步阶段。另一方面,正如所有以科学为导向的生态学家所确认的那样,它必须被视为一种生态困境,其主导因素是气候和自然遭到破坏所固有的日益严重的"生存威胁"。人类迫切要求停止对环境的过度开发,并希望尽快找到可行的方法,使经济运行日益朝着"气候中和"的方向发展(Rifkin,2022)。

图 2.2 显示了这一要求对传统的新熊彼特演化系统的影响。

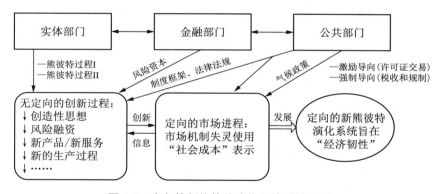

图 2.2　定向的新熊彼特演化系统:韧性导向

在定向的新熊彼特演化系统中,我们仍然有三大制度性支柱和两个经济运行过程,即创新过程和市场过程。与传统的新熊彼特演化系统相比,主要区别在于市场过程层面。在那里,所谓的"市场失灵"以外部效应的形式出现。这些效应的价值并没有反映在市场价格体系中,从而造成了一种扰乱经济中资源最佳配置的缺陷。

我们特别感兴趣的是所谓的负的外部效应,它伴随着个人活动并导致所谓的"社会成本"。价格体系无法检测到这些成本,因为其正常运作的排除原则已不再起作用。生产者和消费者都不需要注意他们活动的社会成本。他们用缺陷价格机制所提供的那些较低的私人成本来计算,而不用包括社会成本在内的较高价值来计算。因此,无论是生产过程还是消费过程,都无法估算出经济运行中使用的所有手段的真正价值。

现在,环境和自然是在生产或消费过程中产生负外部性的典型例子。对每个人来说,这两者都是"免费商品",因此不存在任何市场机制可以通过基于个人支付意愿的市场价格来衡量它们的真正价值。这种量化价值指标只包括计算出来的私人成本,而不考虑自然和气候受到损害时产生的社会成本。所以,排除可能性的缺失导致了市场运作的严重失灵。如果这些市场缺陷达到整个社会经济系统达到临界点的高度,就必须立即加以解决。

在这种存在性风险的情况下,以传统方式经营经济的新熊彼特演化系统,必须把危险程度降低。经济必须从一个纯粹的人类世界的"棕色"方向转向另一个不同的方向,这个方向也以某种方式顾及自然环境,并将其作为生活和经济不可或缺的一部分。

在"绿色"经济中,除了"繁荣"之外,"可持续性"一词也成为影响甚至决定经济进程一个基本要素和总体目标。经济资源的生产、消费和分配必须与外部的政治目标结合起来,后者将主导前者的市场特性,并试图引导它们作出具有更高"绿色"含量的决策。换句话说,在传统的新熊彼特演化系统中自由进行的、不受限制的变化和动态过程,必须由一个以"繁荣"和"可持续性"为导向的"定向过程"(directed process)来塑造,甚至取而代之。

在这种"定向经济"(directed economy)中,有两种组织和运作经济流动的选择是相关的。这两种选择都是以政府为导向的,如今已经被世界上越来越多的国家所执行,特别是那些属于 G7 集团的国家。第一种选择是对市场过程进行政治干预,即众所周知的传统气候政策。第二种选择是建立在政府对经济创新过程的干预上,被称为气候技术或气候创新政策。让我们先来使用图 2.2 了解一下第一种选择,即传统气候政策的方法。

传统的气候政策在教科书和许多关于气候变化经济学的文章中都有详细的解释(Cullenward and Victor,2020)。它依赖于通过试图改变消费者和/或生产者的激励或活动结构的政策工具来弥补由社会成本引起的市场失灵。这类气候政策通常使用证书交易或税收政策作为适当的措施。前者依靠二氧化碳排放交易制度诱导下的自愿行为调整。第二种是对经济主体施加政治压力,希望改变其行为和决策,从高度集中的二氧化碳活动转向低密度活动,以促使生产或消费发生实质性变化。

然而,这种气候政策也有其特殊的缺陷,既有轻微的缺陷,也有严重的缺陷。例如,二氧化碳交易可能会误导公司进行所谓的"漂绿"(green washing),这对减少二氧化碳排放并无实际效果(Vieira de Freitas Netto et al.,2020)。此外,在对消费者征税时,会出现公共财政中的避税或反映个人支付意愿方面的所有问题(Ostrom et al.,2002)。

因此,在一些国家,不同的社会群体要求政府采取更有力的干预措施,包括行政禁令或政治命令等程序,也就不足为奇了。然而,这种强硬的政治路线可能会在自由民主国家打开危险之门,带来不可预知的后果。首先,经济的制度性支柱之间的平衡,特别是市场和政府之间的平衡,可能会出现严重偏差。政治中的非自由主义或专制主义因素将变得更加重要,而自由主义者将不得不接受这一变化。

此外,与国际层面决定的集体协议相比,国家或单独规划的政策行动在不同程度上对气候安全的参与将获得优先权。然而,气候安全是一项全球公益事业。只有当所有国家,或至少是大多数国家,都接受其重要性并部署必要的补救措施时,才能实现其目标。

当我们再次看图 2.2 时,可以提出一个更深刻的分析性批评。气候政策措施的主要目的是改变市场进程,试图促使需求或供应决策发生改变。它们并不直接关注一个经济体的创新过程。这意味着,国家创新体系正在创建的经济结构仍然保持不变。发生变化的是价格体系的调整,这个调整可能会增加一个经济体面对气候变化的韧性(resilience),并减少个人的生存恐惧。换句话说,韧性导向政策(resilience oriented policy)正在改变气候损害的构成,从高二氧化碳排放的活动转向低二氧化碳排放的活动。这样一来,它只是一种调整政策,最终可能会或多或少地在表面上改善气候变化,但没有考虑"可持续性"的真正含义,即经济从"棕色"到"绿色"的转变。在这种情况下,转型是建立在两个基本要素之上的:(1)将气候变化作为一种必须内部化的负外部性来应对;(2)在内部化过程中必须进行结构改革。

2.4　定向的新熊彼特演化系统：转型导向

如果不改变创新过程，这两项要求就无法实现，而创新过程是经济的核心所在，也是其动力所在。通过图 2.3 可以了解如何使用以转型为导向的政策方法来满足这一要求。

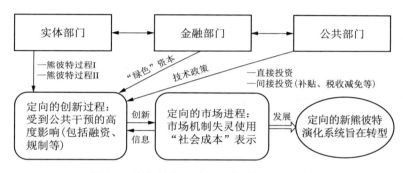

图 2.3　定向的新熊彼特演化系统：转型导向

图 2.2 解释了韧性导向政策，而图 2.3 阐明了以转型为导向的政策方法，两者的主要区别在于公共部门或政府在实现气候安全的干预政策中所扮演的角色。现在，在复杂的创新过程中，政府充当一个积极的推动者和协调者。除了"繁荣"之外，气候安全作为可持续性的一个主要表现形式，也成为创新和技术政策的一个突出领域。

在文献中，有大量的出版物在讨论传统的新熊彼特演化系统中的技术政策时，只考虑到"繁荣"（Hanusch and Pyka，2007b）。在我们的案例中，可持续性是作为一个附加属性发挥作用的。然而，由具有不同特征的双重目标组成的创新或技术政策是非常特殊的，必须克服相当特殊的挑战。原则上，有两种政治选择可以用来完成这项潜在的复杂任务。

第一个选择是通过公共投资直接干预"绿色部门"，该部门致力于创造和开发能够减少气候破坏的项目。如今，在经济学中，此类投资中以创新为导向的部分在"创业型国家"的话题下得到了生动的讨论（Mazzucato，2013）。在生态学中，技术方案吸引了越来越多的人对最近建立的地球工程领域感兴趣（Wagner，2021）。在这一领域，人们分析和检验了一些大型项目，例如，在海藻生物反应器中清除和储存二氧化碳在现实中实现的可能性。另一个经常讨论的技术愿景是太阳辐射管理（SRM）。但遗憾的是，这种技术仍处于非常初级的阶段，还远未得到运用。当然，这些技术值得政界和私营企业更广泛的关注。

第二个选择则是，以转型为导向的创新政策可以通过间接的方式干预创新过程，试图将消费者和生产者的未来愿望从"棕色"转变为"绿色"。如果创新能够捕捉消费者的意识状态，他们可能会改变心态，忽略自身活动的负面影响，并愿意改变自身的生活习惯。例如，在数字通信领域，社交平台为个人交流有关气候变化的存在性风险的想法提供了巨大的可能性。他们的创造性工具甚至发起了一个名为"未来星期五"的全球运动，即由年轻的气候活动家组成的团体每周末聚集在世界不同国家的街道和公共场所，针对气候废物排放问题而进行示威。

另一方面，应通过补贴或减税等政策手段引导生产者抓住面向"绿色经济"的创新机遇和潜力。例如，美国政府在 2022 年制定的《通货膨胀削减法》(IRA)就是此类政策的一个很好的例子(US Government，2022)。它将为清洁能源的生产和制造支付历史性的首付款，并计划以这种方式在 2030 年之前将碳排放减少约 40％。在这方面，政府面临的特殊挑战是如何发现并加强那些创新领域，使转型过程可以发展到最好状态。如今，节约化石能源的技术或基于太阳能、风车或氢气技术的可再生形式的生物能源，是全球气候导向型创新活动中传播最广的领域。

在这方面，已经可以看到一种世界政治现实主义(cosmopolitical realism)。它既适用于以自由民主为基础的国家，也适用于以家长式政府态度为特征的国家。例如，如果将中国的气候和未来导向的国家目标以及以转型为导向的政府工具，与欧盟或美国的国家目标和以转型为导向的政府工具进行比较，就会发现两者并无本质区别。所有这些国家都计划在未来几年内将大量公共财政投入创新过程，主要是通过公共债务来激发和支持新的想法和有远见的发展，从而与正在进行的数字革命一起应对气候变化。由此看来，一种地缘政治的系统竞争已经被激发出来了，它将主导全球能源和产品市场，并主导以绿色为标志和亮点的新技术的发展(*The Economist*，Sept. 19th，2020)。

这对于未来的发展方向和解决气候变化这一全球性问题来说是非常积极的。然而，这种乐观看法的一个非常重要的前提条件是，全球化在过去二十年左右所达到的广泛水平将持续下去。正如我们已经观察到的，特别是国际性企业已经开始改变它们的管理策略，并通过纳入绿色元素来改变其创新目标。在交通、食品、住房、农业等领域，情况更是如此。在这些领域，公司已经意识到，如果它们作为先行者进入相应的市场，就可以获得更多利润。甚至金融部门和中央银行也对将绿色导向纳入其业务行为表现出越来越大的兴趣（NGFS，2019）。

我们对以气候为导向的创新政策的批判性评估，原则上与我们在研究传统气候政策时已经确定的原则相同。政府在社会经济体系中的作用日益重要。政府必须具备预见未来的远见卓识，必须建立起强大的治理和管理能力，将必要的创新过程引向正确的轨道。除此之外，它还将获得决定未来发展的权力和手段，无论它的愿景和决策是正确的还是错误的。创新过程将越来越多地由公众来引导，将"棕色经济"转变为"绿色经济"的伟大目标可能会更多地取决于机会和情感，而不是理性预期。

此外，另一个特别关键的问题是，当一个创新系统得到公共资金的大力支持和公众的引导时，它的效率如何？在没有或有很少的公共支持的情况下，它是否仍然能够表现出相同的绩效？财政援助是否会降低充满活力的企业家或公司参与风险性或不确定性工作的意愿？或者，它是否会将官僚行为的态度带入创新过程，而不是个人和公司的参与？所有这些对未来大型投资的成功意味着什么？难怪过去在不同国家里，许多由政府提供高额补贴的国家级冠军项目都以沉没成本告终。

2.5 后熊彼特演化系统

在得出这个令人不快的结论后，我们最后要问的是，对于转型

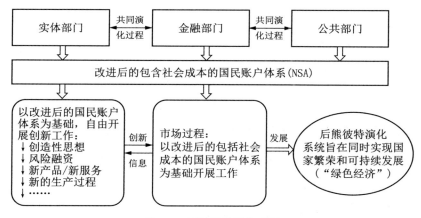

图 2.4　后熊彼特演化系统

问题，是否存在一个可接受的解决方案。如何才能找到一种方法来解决从"棕色"到"绿色"的转变问题，而又不失熊彼特式自由浮动的创新和发展演化过程？让我们从图 2.4 中寻找答案。

纵观市场的运作过程，我们知道，一旦发生外部效应，失败就会出现，而这些效应在经济主体的价值和决策系统中没有被考虑到。

目前使用的价值体系是国民账户体系，这是 1953 年首次公布的统计框架，此后在全世界范围内或多或少地被用来量化国家层面经济交易的附加值。进入这一体系的价值是以市场能够检测并以私人货币实体衡量的数量为基础的。我们都知道，如果不使用这一体系，我们在任何时候都无法以实用的方式开展业务。但是，我们也必须承认，国民账户体系有其特殊性和特殊缺陷。它最有问题的缺陷之一是，它不关心经济交易的外部效应，特别是负面效应。它无法检测和量化社会成本。这意味着，我们是在一个社会成本并不重要的统计世界中工作和做生意的。我们在市场、金融和公共部门的决策都以"净值"为基础,而不以"总值"为基础,因为"总值"以货币为单位来计算消费和生产所使用的资源的真实数量。

只要这种会计制度以目前使用的表现形式存在,就不能一劳永逸地解决从"棕色"转到"绿色"的真正问题,即捕捉市场交易的社会成本并将其纳入个人和公司的决策过程。现在需要的是将外部效应内部化,将社会成本纳入经济行为者使用的会计系统[参见第一项衡量食品环境影响的大型研究(Clark et al.,2022)]。否则,解决气候问题的政治努力就必须被视为一种由政府开出的"缓和药方"(palliative medicine)。作为维持现状的"零碎工程",它将仍然呈现一副未完成的拼凑状态。因此,改革实际的国民账户体系是当务之急,也是一项应该给予高度重视的国际任务。像约瑟夫·斯蒂格利茨(Joseph Stiglitz)这样的经济学家长期以来一直要求进行类似的改革,但他们的建议离正式实施还很遥远(Stiglitz et al.,2009)。

这是一个遗憾,甚至可以说是一个悲剧,因为正如图2.4试图表明的那样,一个国民账户体系,在其量化过程中包括负外部性,从而以私人和社会成本为基础,可以弥合目前无可争议的情况,并使自由浮动的演化过程回到熊彼特的旧世界。在这样一个后熊彼特式经济中,市场和创新过程可以不受限制地运作,而无需政府的严重干预。市场系统将使用基于社会价值的年度会计系统来分配和分发货物及服务,将其归入社会资产负债表,并作为社会经营报表公布。通过这种方式,它可以为实体部门的创新过程和金融系统的评估程序提供正确的信息。后者对私营公司的评估可以从纯粹的市场盈利能力转向以社会类别的附加值来衡量。前者可以自由决定参与创造"棕色"和"绿色"的新产品,以此作为其对面向未来的发展作出的贡献。

所有这些都不再是一厢情愿的想法。越来越多的公司已经将社会平衡作为其年度账目的一部分,并将其作为从"棕色"转向"绿色"的努力过程中的一个特殊指标予以公布。但是,坦率地说,直到现在,这种程序更多的是一种副产品和"橱窗摆设"(window dressing),并不符合改革后的国民账户体系的要求。

2.6　结论

总之,本文希望传递三个主要信息。

(1)气候变化带来的"存在性风险"的现状,在经济推理中有一个基本的分析解释。社会成本作为负外部性或与经济主体交易有关的隐性副产品的产生是一个事实。这些外部性是气候变化造成破坏性影响的主要原因,因为市场部门无法衡量并将其纳入个人、公司或金融以及公共部门的决策过程。

(2)在当前的经济推理中,市场外部性需要政府作为一种"修复引擎"来治愈市场失灵。在我们的例子中,气候政策和技术政策是干预新熊彼特经济的市场过程或创新过程的两种选择。但最后的结果是,这两种干预措施都无法解决从"棕色"经济到"绿色"经济转型的真正问题。它们更多的是将传统的新熊彼特演化系统从一个自由浮动、共同演化发展的系统,变成一个有指导、有约束甚至命令式的系统。

最后，这种政治干预必须被理解为临时手段，它可能只是暂时地，最多在一定程度上治愈气候变化的一些症状，并减少"存在性风险"。然而，它们并不能一劳永逸地治愈疾病。这种疗法需要深入解决纳入个人、企业和公共部门交易中的社会成本问题。

（3）要深入纠正生态赤字，就必须对国民账户体系进行根本性改革，特别是将社会成本纳入该体系，作为衡量经济交易价值的一个附加指标。这样，熊彼特的理想世界，即自由浮动的经济发展共同演化过程，就可以或多或少地回归到后熊彼特演化系统。在这个系统中，创新和市场过程能够在很大程度上满足"繁荣"以及"可持续性"这两个经济体的国家目标。

改革国民账户体系的努力正在进行中，然而，总的来说，这些努力离真正有能力有效地将经济从"棕色"转变为"绿色"还有很远的距离。

参考文献

［1］Harari，Y.N.，2017，*Homo Deus：A Brief History of Tomorrow*，Vintage.

［2］Christians，D.，2018，*Big History and the Future of Humanity*，John Wiley & Sons.

［3］Schumpeter，J.A.，1911，*The Theory of Economic Development：An Inquiry into Profits，Capital，Credit，Interest，and the Business Cycle*，Harvard University Press.

［4］Georgescu-Roegen，N.，1971，*The Entropy Law and the Economic Process*，Harvard University Press.

［5］Hanusch，H.，Pyka，A.，2007，"Neo-Schumpeterian Economics and the Theory of Economic Evolution：A Review of the Literature"，*Journal of Evolutionary Economics*，17(3)，351—372.

［6］Hayek，F. A.，1969，"Competition as a Discovery Procedure"，*Quarterly Journal of Austrian Economics*，5(3)，9—23.

［7］Gordon，R.J.，2016，*The Rise and Fall of American Growth：The U.S. Standard of Living since the Civil War*，Princeton University Press.

［8］McAfee，A.，2019，*More from Less：The Surprising Story of How We Learned to Prosper Using Fewer Resources—and What Happens Next*，Scribner.

［9］Rifkin，J.，2022，*The Green New Deal：Why the Fossil Fuel Civilization Will Collapse by 2028，and the Bold Economic Plan to Save Life on Earth*，St. Martin's Press.

［10］Cullenward，D.，Victor，D.G.，2020，"Climate Policy：What do the Models Tell Us?"，*Annual Review of Environment and Resources*，45，409—434.

［11］de Freitas Netto，S. V.，Sobral，M. F. F.，Ribeiro，A. R. B.，and Soares，G. R. D. L.，2020，"Concepts and Forms of Greenwashing：A Systematic Review"，*Environmental Sciences Europe*，32，1—12.

［12］Ostrom，E.E.，Dietz，T.E.，Dolšak，N.E.，Stern，P.C.，Stonich，S.E.，and Weber，E.U.，2002，*The Drama of the Commons*，National Academy Press.

［13］Hanusch，H.，Pyka，A.，2007，"Neo-Schumpeterian Economics and the Theory of Economic Evolution：A Review of the Literature"，*Journal of Evolutionary Economics*，17(3)，351—372.

［14］Mazzucato，M.，2013，*The Entrepreneurial State：Debunking Public vs. Private Sector Myths*，Anthem Press.

［15］Wagner，G.，2021，*Geoengineering：A New Approach to Tackling Climate Change*，Cambridge University Press.

［16］US Government.，2022，*Inflation Reduction Act*，Government Printing Office.

［17］Network for Greening the Financial System（NGFS），2019，*Integrating Climate-related Risks into Financial Stability Monitoring：A Report by the Network for Greening the Financial System*.

［18］Clark，M.，Tilman，D.，2017，"Comparative Analysis of Environmental Impacts of Agricultural Production Systems，Agricultural Input Efficiency，and Food Choice"，*Environmental Research Letters*，12(6)，064016.

［19］Stiglitz，J.E.，Sen，A.，and Fitoussi，J.P.，2009，"Report by the Commission on the Measurement of Economic Performance and Social Progress"，*Social Science Electronic Publishing*，DOI：10. 2139/ssrn.1714428.

3 当代新技术变革中的信息技术和生物技术"双雁引领"趋势

欧阳峣(Yao Ouyang)[*]

内容提要 国际学术界讨论新技术变革时提出三种思路,即生物技术引领变革、信息技术引领变革、信息技术和生物技术融合发展。从新技术变革的典型化事实中可以看到,信息技术帝国主义仍然在持续扩张,生物技术的扩张呈现缓慢渐进方式,新技术革命具有两极化、簇群化和融合化特征。为此,学术界提出"双雁引领"模型,即信息技术和生物技术如两只大雁引领着技术变革并形成两个

---

* 欧阳峣,湖南师范大学原副校长、商学院教授,上海大学经济学院特聘教授,大国经济研究中心主任,牛津大学技术与管理发展中心高级研究员,第19届国际熊彼特学会主席。入选中国第一批哲学社会科学领军人才,全国文化名家,享受国务院政府特殊津贴专家。代表著作有《大国经济发展理论》(中国人民大学出版社中文版)、《大国发展道路:经验和理论》(北京大学出版社中文版、施普林格出版公司英文版)、《大国发展经济学》(中国人民大学出版社中文版、彼得·兰出版公司英文版)、《大国综合优势》(格致出版社中文版、施普林格格出版公司英文版)以及《新兴大国的增长与转型》(格致出版社中文版、麦克米伦出版公司英文版)。

高新技术簇群,通过交叉融合推动产业创新和全球经济可持续
发展。

3.1　讨论新技术变革趋势的三种思路

20 世纪 80 年代初,美国社会预测学家约翰·奈斯比特
(John Naisbitt) 在《大趋势——改变我们生活的十个新方向》
(Megatrends——Ten New Directions Transforming Our Lives,
1982)一书中提出:"虽然我们仍然认为我们是生活在工业社会里,
但是事实上我们已经进入一个以创造和分配信息为基础的经济社
会。"从工业社会向信息社会过渡将呈现以下典型化事实:信息成为
真实的经济存在,而非抽象的思想;通信和电脑技术的新发明,将缩
短信息流动的时间;新的信息技术首先用来解决旧工业中的任务,
然后逐步产生新的活动、新方法和新产品;企业提供信息商品和服
务,信息经济突飞猛进地增长。阿尔文·托夫勒(Alvin Toffler)在
《第三次浪潮》(The Third Wave,1980)一书中把科学技术的每一
次巨大进步均看作一次浪潮,认为第三次浪潮将形成电子工业、宇
航工业、海洋工业和遗传工程的产业群,他预言:"生物和信息技术
将融合,第三次浪潮下一步将集中在生物、遗传等生物学领域,未来
世界将是一个'人机世界'。"进入 21 世纪以后,理查德·奥利弗
(Richard W. Oliver)在《即将到来的生物科技时代》(The Coming
Biotech Age,1999)一书中认为:"这个世界将离开信息时代,进入
'生物物质'的新时代。"生物技术的崛起可能超越互联网,其速度和

生产力也将凌驾于今天最强的超级电脑之上。近二十年,学者们围绕新一轮技术变革的未来趋势、核心技术及其经济影响问题开展了广泛的讨论,主要形成了三种代表性观点。

第一种观点认为,生物技术将会超越或者取代信息技术的地位,成为新一轮技术变革的引领者。斯坦·戴维斯(Stan Davis)和克里斯托弗·迈耶(Christopher Meyer)于2000年正式提出"生物经济"(bio-economy)的概念,后来的奥利弗则提出:"在新千禧年初期,生物物质科技将取代信息科技,成为全球经济增长的新引擎。"他作出这种预言的依据有三点。一是生物学取代电子学成为信息时代终结的标志。由于每种技术或产品都具有生命周期,信息技术在过去五十年中成为主要经济引擎,但是它迅速发展到生命周期的末端,包括数字化、软件和电脑芯片的技术已经成熟,在未来的时代信息就像电子一样变得廉价而普遍。二是生物技术迅速成长并且走向普遍化。人类基因图谱的完成将是生物物质时代的转折点,生物技术在农业、工业和卫生健康领域广泛应用,并将会迅速达到全球性的成熟阶段,生物科技和新材料公司将成为新的经济引擎。三是信息科技和生物科技的增长趋势。人们用于衡量高科技的指标主要是研究开发费用和获批准专利,目前信息公司的研发费用占总收入的10%—15%,而生物公司则达到15%以上,信息科技在批准专利中的比率缓慢下降,生物科技专利则与日俱增。

第二种观点认为,生物技术的扩散进程缓慢,并没有取代信息技术引领全球经济的可能性。Nightingale和Martin(2004)认为,通过分析1983—2003年美国食品药品监督管理局(FDA)批准的药物专利,发现批准的专利在 20 世纪 90 年代中期有所增加而随后就急剧下降,而且呈现出研究支出大幅增加和生产率相对下降的趋势;认为医药生物技术并没有产生革命性变化,而是遵循缓慢而渐进的技术扩散模式,可见许多人高估了生物技术影响的速度和程度,这主要是研发者及其赞助商需要创造高期望值,以获得开发新技术所需的资金、人力和知识产权等资源。为此,我们应该重新思考这种影响决策的基本假设,Freeman 和 Louçã(2001)提出有两个问题需要深入研究:一是生物技术的变革具有不确定性,并非线性过程;二是生物基础技术的进步与生产力提高之间具有长时间间隔,生物技术变革不可能在短暂的时间里实现。总之,需要理性看待生物技术变革及其经济影响。

　　第三种观点认为,生物技术和信息技术可以实现融合发展,信息技术将为生物技术提供有力支撑。从目前的客观现实来看,生物技术并非取代信息技术,而是依托信息技术发展,呈现出一种融合趋势。Wesseler 和 Braun(2017)认为信息和通信技术的广泛应用是促进生物技术发展的重要因素,数据存储和信息分析工具是生物技术创新的推动力量,如表型分析、智能育种、医疗诊断、基因组发现和探索都需要使用这些工具。因此,最近美国出台的《保护生物经济》(Protection of the Bioeconomy,2020)就将美国的生物经济定义为"由生命科学和生物技术的研究及创新驱动的经济活动,并由工程、计算和信息科学的技术进步推动",并认为现代生物经济是由信息科学、工程技术和计算机技术促成的,这些领域的共同进步使依托生物过程、材料和信息创造新产品成为可能。中国政府出台的

《"十四五"生物经济发展规划》(2022 年)提出实施"生物技术与信息技术融合应用工程",利用云计算、大数据、人工智能等信息技术支撑新药研制和辅助医疗诊断,利用互联网技术开展远程医疗服务,推动生物信息产业发展。

3.2 信息技术帝国主义仍然在持续扩张

现代信息技术发轫于 20 世纪 50 年代,进入 21 世纪以后信息技术发展方兴未艾,新一代信息技术取得突破,有力地支撑和引领了世界新的技术变革和产业变革,现代信息技术在经历集成电路、个人电脑和互联网等创新浪潮之后,开始新一轮换代演进,正在进入云计算、大数据和人工智能的新一代信息技术快速发展时期。而且,信息技术作为通用技术正在向各个产业渗透,像帝国主义那样谋求经济领域的扩张。

3.2.1 新一代信息技术的应用形成一批新兴产业

在新一轮技术革命浪潮下,以云计算、大数据、物联网和人工智能为核心的信息技术呈现出产业化态势。通过云计算技术的突破和应用,以超大规模分布式存储、弹性计算、数据虚拟隔离等技术创新,以混合云为重点,形成系统集成、运维管理等云服务产业;通过大数据技术的突破和应用,以大数据采集、清洗、存储、挖掘、分析等技术创新,形成大数据标准体系和数据采集、标注、存储、传输、管理等生命周期产业体系;通过物联网技术的突破和应用,以传感器、网络切片、高精度定位等技术创新,形成车联网、医疗物联网、家居物联网产业;通过人工智能技术的突破和应用,以人工智能数据集、算法推理训练等技术创新,形成智能医疗装备、智能运载工具、智能识别系统制造产业。这些由新技术推动形成的新兴产业,正在逐步成长为世界各国着力发展的战略性新兴产业,成为世界经济增长的新动能,并在发达国家和新兴大国开始出现融合化和集群化发展趋势。

3.2.2 信息技术依托通用属性渗透经济发展领域

通用技术是指可以广泛应用于许多领域或者行业的技术,电子技术和信息技术是 20 世纪最有代表性的通用技术,它们渗透到经济发展的各个领域及各个产业部门,通过降低成本和提高效率形成两次技术革命和通用技术时代。特别是信息技术被广泛应用于经济社会发展的各个领域,并被用于改造传统产业,不仅催生了许多新产业和商业模式,而且极大地推动了传统产业,从而提高了技术水平和生产效率。21 世纪兴起的新一代数字技术,使传统制造业和服务业重新获得创新活力。具体地说,首先,通过数字技术改造加大生产要素投入并增加生产要素种类,云计算、大数据、物联网和工业互联网在同等条件下增加了生产要素的数量和质量,并且使数据成为一种全新且关键的生产要素;其次,通过数字技术改造推动技术进步和提升生产效率,从而使资源配置效率提高,增强劳动者的劳动效率和资本的投入产出效率。有数据表明,2019 年和 2020 年,全球产业数字化占数字经济的比重分别为 84.3% 和 84.4%,占全球

GDP 的比重分别为 35.0％和 36.8％（中国信息通信研究院），显然，随着传统产业数字化改造的拓展，产业数字化正在成为数字技术应用和数字经济发展的主体领域。

3.2.3　信息技术的应用推动产业组织方式的变革

新一代信息技术具有强大的融合功能，从而使产业组织形态发生变化，促进产业生态系统的协同和共享。工业技术史上的重大技术革命往往以新型基础设施为特征，"每次技术革命均产生于一组协同作用、相互依赖的产业，以及一个或更多的基础设施网络"（Perez，2003）。当前以数字技术为核心的基础设施包括三种类型，即信息基础设施、融合基础设施和创新基础设施。新型基础设施是依托新一代信息技术或数字技术发展而形成的，数字技术、新型基础设施与创新生态系统之间存在关联机制，如以 5G 为代表的关键性基础设施的大规模扩张，不仅加速了技术创新的扩散过程，而且促使创新模式和组织规则发生变化，打通不同创新主体之间的创新连接，构建以协同和共享为特征的创新生态网络。具体地说，一是数字技术应用促进产业关联和融合，有利于改变传统产业之间存在的数据孤岛和供需关联受限的局限，促进数据的流通和循环，推动产业之间的供需关联，从而有效地延伸产业链长度并实现产业融合；二是数字技术应用降低企业合作的交易成本，改变企业生产组织方式和空间组织方式，促进从大企业主导的垂直一体化整合模式向扁平化和网络化模式转变，从封闭的垂直整合模式向开放式创新转变。

3.3 生物技术的扩张呈现缓慢渐进的趋势

现代生物技术的诞生以 20 世纪 70 年代的基因重组技术为标志,它包括基因组学、组织培养、微观繁殖、遗传育种、基因移接和转基因等新技术;使用生物技术方法可以创造一系列微生物、农作物和动物等生命有机体,生物技术商业化可以促进经济增长和创造就业。近些年来,生物技术领域的前沿技术、交叉技术和辅助技术不断取得突破,为生物产业发展和经济社会的绿色转型带来新的机遇。

现代生物技术在很大程度上属于通用技术,它可以应用于国民经济的各个产业部门,渗透到工业、农业和服务等领域。现代生物技术主要利用基因工程和细胞工程手段,对有机体及其组成部分进行重组或者转化,从而制造出新型或改良型产品和服务。在医药健康领域,主要利用基因诊断与治疗、蛋白质与多肽药、细胞与组织治疗等方式预防和治疗各个疾病;在农牧渔业领域,主要利用转基因作物或动物、植物组织培养或动物克隆、水产养殖及海洋资源开发等方式,提高各种产品的产量和质量;在食品工业领域,主要利用微生物发酵、转基因食品、功能性食品等方式提高食品的营养价值和多样性;在能源环境领域,主要利用微生物降解或合成、植物或藻类光合作用、废弃物资源化或循环利用等方式,提供清洁可再生能源和减少污染排放。特别是基因组学、合成生物学、计算生物学等方面的前沿技术,它们属于生物质相关产业的共性技术,以其通用性特点向医药、健康、农业、林业、能源、环保、材料等产业渗透和扩张。

　　然而,生物技术的扩张能力并没有一些预测者想象的那样迅速和强大。Oliver(1999)预言:"它成长更快速、更全球化、更具普遍性,也比以往任何经济形态更强大,甚至超过信息科技时代。"然而,Nightingale(2004)提供的经验证据表明,"生物技术并没有产生革命性变化,而是遵循一种缓慢而渐进的技术扩散的既定模式"。从用于生物医药技术的经费投入来看,1987—2000 年,经合组织(OECD)国家的企业支出总额大幅度提升;1980—2003 年美国药品研究与制造企业协会(PhRMA)成员公司的研发支出也大幅度增加。比较而言,美国食品药品监督管理局实际批准的新药数量,在 20 世纪 90 年代中期有所增加,随后就急剧下降。他认为许多人的预期过于乐观,高估了生物技术的影响范围和扩张速度,这是因为创新者及其赞助商需要创造高期望值,以获得开发新医药技术所需要的大量资源,由此刻意炒作生物技术革命的理念。

　　目前,在生物技术的发展中出现了一种同信息技术融合的趋势,特别是以现代信息技术为支撑的新药研制、辅助诊疗和远程医疗服务。现代生物经济离不开现代信息技术的支撑,数据科学、机器学习、自动化和高通量实验,使人们依托生物过程和生物材料创造新的产品和服务成为可能。正如美国国家科学院出台的保护生物经济的政策文件写道的:美国生物经济是由生命科学和生物技术驱动的,也是由工程、计算和信息科学的技术进步促成的。先进的计算科学和信息技术,有助于迅速、精准且大规模地收集、分析、共享和存储生物信息；利用信息技术和计算机技术可以进行迭代测试、安全性和有效性筛选，并识别起始药物分子及蛋白质靶标结合区域中的分子；利用大数据和人工智能技术，可以对治疗适应症和新靶点验证、临床前和临床试验、产品设计优化等药物研制过程进行全程监管和动态调控，从而实现新药产品的精准化和规模化生产；利用人工智能和医学图像识别技术，可以开展辅助诊断、病理分析和生物信号分析；借助自然语言处理、知识图谱等技术手段，可以实现智能引导采集判别病历信息及体检信息。显然，新一代信息技术已经成为生物技术应用和生物经济发展的有力支撑。

3.4 信息技术和生物技术"双雁引领"模型

自人类社会步入工业文明以来，世界经济经历了 12 轮增长周期；主要原因就是新技术革命引发产业革命，进而提高生产效率和实现经济增长。人们普遍认为，蒸汽机的发明引发了第一次工业革命，电力的发明引发了第二次工业革命，英特尔公司发明微处理器则启动了第三次工业革命。从 20 世纪 60 年代开始的信息技术革命，并没有在短期内结束，它在经历集成电路、个人电脑、互联网的创新浪潮之后，逐渐形成为一个包括互联网、云计算、大数据、人工智能的高新技术簇群；与此同时，20 世纪 70 年代出现的基因技术引发了生物技术革命，并逐渐形成为一个包括基因组学、遗传育种、基因移接和转基因技术的高新技术簇群。可见，新一轮技术革命具有以下特征：一是出现两极化趋势，信息技术和生物技术蓬勃发展，而且未来有并驾齐驱的势头;二是出现簇群化趋势,无论是信息技术还是生物技术都形成高新技术簇群;三是融合化趋势,信息技术和生物技术通过交叉研究实现融合。根据当前的客观事实和发展趋势,我们提出一个信息技术和生物技术"双雁引领"模型,从而准确刻画出新一轮技术革命的发展态势。

从图 3.1 的模型可以看到,新一轮技术革命呈现出两极化格局:信息技术和生物技术犹如两只高高飞翔的大雁,引领着技术创新和技术变革并且形成两个高新技术簇群,它们通过技术交叉融合和商业化模式创造新的产品和价值,进而推动产业创新和全球经济可持续发展。

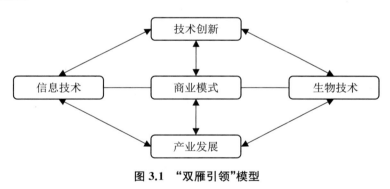

图 3.1 "双雁引领"模型

在熊彼特看来,新兴技术的突破和应用将变成经济增长的重要推动力量,同时也成为经济周期形成的重要影响因素。经济发展完全不同于我们在循环之流或者经济趋向均衡的过程中观察到的那些现象,而是在循环之流中出现自发的间歇性变化,从而改变均衡状态并引起经济起伏,形成繁荣和衰退相继出现的经济周期。"繁荣阶段的基本特征,很容易用新组合的集中出现来解释,也只有用它来解释才能说得通。"熊彼特提出的所谓"新组合"就是创新,它包括采用新的产品、新的生产方式和新的组织,开拓新市场、新原料供应基地。伴随新组合出现的是企业家的集中出现,这种新组合首先出现在专门创立出来的企业中,然后被越来越多的企业掌握,从而带来经济繁荣。由于新组合不是以均匀的方式,而是以不连续的、集中的方式出现的,经济发展现象也将以不连续的方式出现,从而形成由繁荣阶段和衰退阶段构成的经济周期。

遵循熊彼特的创新发展和经济周期理论,现代经济增长会随着创新的出现而经历上行和下降的兴衰周期。近些年来,由于"逆全球化"现象的出现和新冠疫情的影响等,世界经济增速放缓,这是经济周期中的一个小漩涡和波折。然而,从世界经济发展的总趋势来看,信息技术和生物技术的新突破将为世界经济增长提供新的动能;特别是新一代信息技术簇群和新一代生物技术簇群的形成,以及它们在工业、农业和服务业等领域的应用,将创造一些新产品、新工艺、新业态和新兴产业,并推动产业创新和升级,从而迎来新一轮经济增长,促进全球经济可持续发展。

参考文献

［1］Naisbitt, J., 1982, "Megatrends: Ten New Directions Transforming Our Lives", Warner Books.

［2］Toffler, A., 1980, *The Third Wave*, Bantam Books.

［3］Oliver, R.W., 1999, *The Coming Biotech Age*: *The Business of Bio-Materials*, McGraw-Hill Companies.

［4］Nightingale, P., & Martin, P., 2004, "The Myth of the Biotech

Revolution", *TRENDS in Biotechnology*, 22(11), 564—569.

[5] National Academies of Sciences, Engineering, and Medicine, 2020, *Safeguarding the Bioeconomy*, National Academies Press.

[6] National Development and Reform Commission: The 14th Five—Year Plan for the Development of the Bioeconomy, 2022.

[7] Perez, C., 2003, *Technological Revolutions and Financial Capital*, Edward Elgar Publishing.

[8] David Zilberman, et al., *From Bioeconomy to Bioeconomics*, Economic Management Press, 2023.

[9] Schumpeter, J.A., 1934, *The Theory of Economic Development: An Inquiry into Profits, Capital, Credit, Interest and the Business Cycle*, Transaction Publishers.

[10] Wesseler, J., & von Braun, J., 2017, "Measuring the Bioeconomy: Economics and Policies", *Annual Review of Resource Economics*, 9, 275—298.

[11] Freeman, C., & Louçã, F., 2001, *As Time Goes By: From the Industrial Revolutions to the Information Revolution*, Oxford University Press.

4 技术创新如何帮助人类社会加快实施可持续发展目标

内容提要 面对新冠疫情、气候变化和生物多样性等挑战，我们如何能够实现联合国《2030 年可持续发展议程》中的 17 个可持续发展目标呢？技术创新是否能够帮助应对这些重大挑战，为全球可持续发展作出贡献？本文重点讨论三个方面。一是基于数字技术

* 傅晓岚，牛津大学国际发展学院教授，技术与管理发展研究中心（TMCD）创始主任，牛津大学格林—坦普尔顿学院研究员，英国社会科学院院士。任联合国技术促进机制十人高级别咨询小组成员和联合国最不发达国家技术银行理事会成员，联合国可持续发展解决方案网络（UN SDSN）领导委员会成员，联合国大学马斯特里赫特经济和社会研究中心（UNU-MERIT）咨询委员会成员。研究兴趣包括创新、技术和工业化，贸易、外国直接投资和经济发展，亚洲新兴经济体以及英国/美国的创新和生产力。在国际权威期刊上独立或与他人合作发表了大量论文。最近出版的著作包括《雷达下的创新》（*Innovation under the Radar，forthcoming*）、《中国的创新之路》（*China's Path to Innovation*）、《中国在全球经济复苏中的作用》（*China's Role in Global Economic Recovery*）和《南方技术力量的崛起》（*The Rise of Technological Power in the South*）。担任《中国经济和商业研究杂志》（*Journal of Chinese Economic and Business*）的主编，并担任《产业与企业变革》（*Industrial and Corporate Change*）、《国际技术管理杂志》（*International Journal of Technology Management*）以及其他四种国际杂志的编委。

的商业模式——数字机会窗口。以中国和孟加拉国的短视频平台发展为研究实例，阐述三个主要领域的研究成果。二是技术创新与社会创新的融合发展。技术创新推动了社会创新，极大地加快了合作关系的形成过程，促进了合作关系的沟通和管理。三是研究技术如何改造传统产业，主要体现在以下三个方面。首先，数字化对跨境交付、境外消费、商业存在和自然人流动这四种服务贸易模式产生了何种影响？其次，数字化交付的服务贸易能否成为经济发展的另一个引擎？最后，数字化交付服务为最不发达国家带来了哪些机遇？此外，本文在最后部分还探讨了未来的研究领域和方向：如何引导和激励技术创新朝着可持续和包容性发展的方向发展？如何发展整体创新（holistic innovation），将社会创新、商业模式创新与技术创新相结合，以应对可持续发展的巨大挑战？技术创新对可持续发展有哪些影响（消极影响和积极影响）？我们需要哪些有利因素来利用可持续发展的能力和科技创新的益处？如何超越"一切照旧"的做法，帮助发展中国家和社区建立技术能力和基础设施，使其在可持续发展目标方面不再落后？去全球化和地缘政治紧张局势对全球可持续发展有何影响？为实现可持续发展，需要采取哪些政策监管和治理对策？

　　人类社会正面临许多日益严峻的挑战，包括新冠疫情、紧迫的气候变化，以及生物多样性、水安全、粮食安全和能源方面的挑战。除了这些来自自然环境的挑战外，我们还面临长期的社会挑战，包括贫困和各种不平等。联合国制定了17个可持续发展目标，将世界上的所有成员聚集在一起,共同致力于 2030 年实现可持续发展目标。现在的问题是,技术创新能否以及如何为这些重大挑战提供新的解决方案,以推动全球可持续发展? 2030 年近在眼前,而 17 个可持续发展目标仍未完全实现。那么,技术创新如何帮助人类社会加快实施可持续发展目标,并提供新的解决方案呢?

进一步讲,什么是发展? 发展意味着追求美好的生活,包括充足的物质、基本的商品和服务的获得,以及自尊和价值感的享有。此外,人们还享有自由,这使他们能够作出各种选择,并最大限度地减少外部约束。实际上,科技创新可以通过提高能力和增加收入来促进增长,通过创造性破坏来最大限度地减少制约和挑战,从而创造新的机遇,取代现有的一些系统、产品和流程,并提供新的机遇。

技术对可持续发展有直接和间接的贡献,直接的贡献体现在提供创新和新颖的解决方案上。这种创造性的破坏也可以通过直接赋权来实现,即通过创造更多的机会来获取信息市场和知识资源。这也是一个好的方向,通过赋权于人,使人们能够发挥作用;提高服务质量,使服务更便宜、更快捷,也使环境和系统更加透明。

不过,我今天要重点讨论一些新的方面。一是基于数字技术的商业模式,即将技术创新与商业模式创新结合起来,为发展中国家创造数字机会窗口。二是技术创新与社会创新的结合,也就是技术创新带动社会创新。三是技术如何改造传统产业,特别是服务业的数字化转型。那么,这将如何带来推动全球可持续发展的动力呢?

首先,我们来研究一下基于数字技术的商业模式创新,它可以为我们创造新的数字发展机会窗口。因此,它是技术创新与商业模式创新的结合。在发展中国家,这可以通过将国际技术转让与发展中国家本土的低调创新(under-the-radar)应用相结合来实现。中国一直是数字经济蓬勃发展的典范。因此,基于我们在中国和孟加拉国开展的研究,我们提供了一个中国案例和在孟加拉国进行的随机试验,以了解数字技术与商业模式创新如何帮助边缘化社会实现包容性发展。

我们专注于短视频平台。在座很多人都熟悉抖音(Tick Talk)和快手(Kwai)平台。它们带来了一种新形式的商业模式,即基于内容的价值创造模式。在这些平台上,人们可以分享他们的农业技能、生活故事,以及他们所在村庄或城市的故事,而且,你无需初始资本投资就能创造价值和收入。在中国,快手这个平台帮助很多移民和农民分享他们的农村生活和农业活动。此外,它还向社区,特别是边缘化社区分享重要的农作物和其他农业技术。

那么,从经济理论角度来看,这种新的数字技术是如何帮助促进包容性和可持续发展的呢?我们可以看到,第一,它有助于克服制约因素,尤其是信息获取和贫困问题。第二,短视频平台也使交流变得更加容易,即使受教育程度不高,也能进行交流。因此,相比于需要读写能力的文本信息和音频信息,短视频技术使边缘化群体能够获得更多的信息。这种短视频技术使得边缘化社会的每个人都能分享丰富的信息,从而降低了经济活动的技能门槛。因此,可以说信息技术降低了进入门槛。第三,一个非常重要的创新是,这种基于内容的价值创造模式降低了资本要求。例如,经济学教授可以每天用 3 分钟或 5 分钟来分享他的知识,而无需任何初始资本投资。此外,他还可以通过网络平台获得粉丝的捐赠和订阅。因此,人们可以在没有初始投资的情况下创造收入。这就使得贫困山区村庄里的人口,如老人、小孩,都可以创造收入。同时,平台上的榜样和社交互动也为人们提供了灵感和榜样力量。因此,这有助于创造收入,而不需要投资能力的建设,并为贫困人口创造愿望,提高他们的能力,同时也鼓励这一时期的创业精神。

这是我们在数字平台上见到的一种模式,即草根创业者快速成长的模式。他们在创造财富的同时,也为边缘化社会创造了机会,并促进了当地社区的经济发展。因此,他们不仅帮助了自己的家庭,也帮助了自己的社区和村庄。而且,所有这些也都有助于实现包容性发展。

我们在孟加拉国进行了一项随机对照试验,并在此过程中建立了一个新的短视频平台。该随机试验从2018年到2021年持续了三年,其中涉及2 000多个家庭和8 000多人。在新冠疫情期间,我们观察到孟加拉国这个低收入国家的年轻女性创业者发展蓬勃。此外,我们发现,数字技术确实帮助了当地社区应对新冠疫情期间的经济困难。对于这些非常贫困的人口来说,他们有了其他收入来源,并使自己的收入来源多元化了。对于穷人而言,收入来源多元化至关重要。

此外,通过这种严谨的随机试验调查人们在新冠疫情期间的所作所为时,我们还发现人们的收入普遍下降了。然而,对于使用我们的数字应用程序的人群来说,他们的收入降幅减少了约30%。而那些没有使用数字应用程序的人,在新冠疫情期间的失业率也低了

3％。他们在我们的数字应用程序中获得的市场信息、健康信息也要多出 20％，尽管他们还可以通过其他类型的平台，如 Facebook、Whatsapp 等获取相关信息。通过第二项研究，我们发现数字应用程序的确帮助他们改变了生活。

我们还发现，青年的参与尤其使妇女受益更多。我们认为，青年群体是特别能够积极参与的群体。但他们还面临数字鸿沟和技术差距的问题。因此，培训非常重要，尤其是针对妇女和青年的培训，将有助于他们从数字经济和数字技术中获益更多。

当然，人们在获取信息方面也面临各种障碍。这些都是第二项研究中非常重要的发现，因为它们对政策有重要影响。与中国相比，孟加拉国的基础设施不达标、设备和网络成本过高，导致人们无法充分地利用数字技术。而在中国，由于政府在数字基础设施方面的大量投资，以及中国政府在降低数字网络接入成本方面的努力，许多人使用和接入了数字技术。此外，在这个数字世界中，人们对移动应用程序的担忧也是理所当然的，因此其也需要得到进一步监管。在中国和孟加拉国的研究发现都是如此。

因此，为了帮助人们获得流动性和使用技能，我们需要有利因素，政府可以在基础设施投资、技能和法规方面发挥非常重要的作用。

此外，除了这些数字平台，我们也在讨论网络 3.0。一些新兴技术也可以为促进全球可持续发展发挥作用，例如，联合国正在使用虚拟现实技术支持人道主义工作，以及人工智能促进发展。目前，人工智能已经被广泛应用于碳效率观测和文化互动，以帮助加强文化互动和文化遗产的继承、传播和发展。此外，区块链也可以促进发展。其中一个例子是非同质化代币（NFT），它是一种新型硬币，人们可以用它来做慈善。当人们进行慈善捐款时，可以获得一枚NFT。随着时间的推移，NFT 的价值可能会增加，从而激励人们进行捐赠。

接下来，我将讨论技术创新如何与社会创新相结合，以提升可持续发展能力。

我们面临的将是重大挑战并且要实现的可持续发展目标也比我们预期的要复杂得多。此外，它们还需要多个利益相关者的合作。我们需要寻找常规的解决方案，因此需要非常强大的社会创新，以制定和部署有效的解决方案从而应对这些挑战以及系统性的社会和环境问题。此外，技术创新可以提供常规的解决方案。同时，数字技术也可以作为一种推动力，提供新颖的解决方案。

实际上，关于社会创新研究，我们在全球范围内调研了 36 个新冠疫情期间的合作伙伴关系，并对其中 9 个案例进行了分析。在这些合作伙伴关系中，联合国等组织与世界各地的政府、非政府组织以及公共部门的企业相互协作，共同提供科学的解决方案或社会解决方案，以应对新冠疫情带来的挑战。

此外，我们还发现，在疫苗生产方面，牛津大学试图引入新的本地创新技术，以有效防止疫情扩散。其在发展中国家开展的研究，也是通过伙伴关系和社会科学研究进行的，这是一种创造性破坏。而且，还存在一些技术促成的社会创新，如通过技术合作关系提供食物、心理健康支持，并且提供干预措施，以最大限度地减少家庭暴力并为移民提供庇护所。因此，数字技术也是我们最后提到的在新冠疫情期间建立伙伴关系的一个关键手段。它有助于克服由危机带来的障碍，特别是流动性障碍。合作伙伴关系的建立通常需要数年时间，而现在只需几周就能快速建立起来。数字技术在世界伙伴关系的沟通和管理方面也发挥了非常重要的作用，并为其创造了创新的解决方案。以上是我为联合国撰写的报告中的结论。因此，这就是数字技术、科技创新如何让社会创新帮助人类社会应对动荡情况。

接下来，将探讨技术创新是如何改变传统行业的。数字化和可交付服务的贸易，可能是发达国家和发展中国家发展增长的另一种动力。

数字技术驱动服务贸易不断增长。图4.1显示了2003—2019年全球数字服务贸易与服务贸易的增长情况。

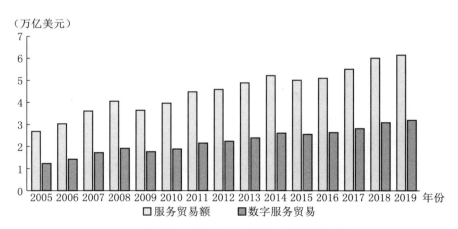

图 4.1　全球数字服务贸易与服务贸易的增长情况

资料来源：作者根据相关数据绘制。

那么，数字技术如何改变传统服务业？数字技术可以使服务的可交易性大大提高。在传统意义上，服务是不可交易的，因为服务的提供是一起进行的，服务的提供需要有人在场。因此，通常情况下，它们要么需要跨境供应，所有消费都在国外时，我们会去国外接受医疗保健治疗；要么它们需要商业存在，这是最常见的一种情况。然而，数字技术让所有这些贸易模式都可以通过数字平台来进行，许多平台都可以看到国外同一服务的价格。你可以通过亚马逊、阿里巴巴、缤客（Booking）或爱彼迎（Airbnb）等平台直接进行跨境贸易。这些平台让很多东西都可以直接在线上进行交易。与此同时，还有视频编码和流媒体，比如在线会议或在线教育。这些技术还使在国外的消费成为可能，过去你必须出国才能获得外国学位。现在，甚至一些国外学府也提供直接的在线学位课程，而你只需在网上完成学业。此外，还有人工智能和机器人技术，它们可以助力医疗保健服务的发展，将模式 2 转变为模式 4，再转变为模式 1（表 4.1）。因此，当你需要接受医疗手术时，可通过 Paramax Medicine 进行在线手术，与国外的医生直接沟通，无需出国，也不用让医生来到你所在的国家。

这确实极大地改变了每个服务部门作为经济增长重要引擎的可交易性。于是，数字技术将劳动力从服务提供中剥离出来，人们称其为第三次分拆。同时，这也创造了就业机会。服务业的工作岗位实际上可以从一个国家迁移到另一个国家，而人们对这种功效或迁移感到自豪。

所有这些都可以通过创造就业、创新和社会效益方面的生产力

表 4.1 数字化影响下服务贸易举例

数字技术和工具 （信息通信技术除外）	举　　例	供给模式的转变	
数字(电子商务)平台： 例如,电子商务平台、数据处理工具、区块链、虚拟助手	亚马逊、阿里巴巴、缤客、爱彼迎 虚拟助手为消费者提供服务,在汽车工业中增加人工智能工具	从模式 2 转向模式 1	服务贸易的模式： 模式1:跨境供应 模式2:国外消费 模式3:实物呈现 模式4:真人服务
视频编码和流量： 例如,视频会议、在线教育、市场信息	大型的在线开放课程(MOOC) 在线农业扩展和市场信息服务	从模式 2/模式 3 转向模式 1	
人工智能,机器人： 例如,远程医疗	在医疗服务中使用人工智能机器人	从模式 2/模式 4 转向模式 1	

资料来源:UN(2021)。

增长来支持经济增长,比如通过数字服务来加强公共服务的提供。此外,服务业作为制造业的中间投入,可以再次提升制造业,支持有质量的经济增长和可持续发展,进而获得社会效益。当然,正如之前所提到的,我们也面临一些挑战,如基础设施、数字鸿沟和技术等问题。因此,需要政府干预来建设基础设施、培养技能,在广泛的技术能力方面建立创新能力,并促进创业以及以市场为基础的利益相关者合作,以实现这些创新。我称之为整体创新。

关于未来的研究,一个领域是如何引导和激励技术创新朝着可持续和包容性发展的方向发展？这一点非常重要,并且对政策具有影响力。我们如何发展整体创新,将社会创新、商业模式创新与技术创新相结合,以应对可持续发展的巨大挑战。技术创新对可持续发展有哪些影响(消极影响和积极影响)？我们需要了解更多信息,特别是主要技术，以及我们需要了解有哪些有利因素可以用来利用可持续发展能力和科技创新的益处？此外，我们还需要对未来社会有更多的了解，从多个层面加深对数字鸿沟的认识，如社会的美德、未来社会的数字公民意识等。

另一个未来研究领域是，我们需要真正了解如何超越"一切照旧"的做法，帮助发展中国家和社区建立技术能力和基础设施，使它们不再落后。但是，我们如何做到这一点呢？此外，什么是科学的产业政策？产业政策正在回归，我们需要正确制定科学的产业政策。最后，我们还需要考虑去全球化和地缘政治紧张局势对全球可持续发展有何影响？这是几年前开始的一种新的创造性破坏，它如何影响全球可持续发展，如何塑造全球创新合作？有必要在国际和国家层面采取政策法规和治理对策来促进可持续发展。

5 产业结构和技术创新：新结构经济学视角

林毅夫(Justin Yifu Lin)[*]

内容提要 本文重点强调三点。第一,发展中国家在技术创新和产业升级方面具有后发优势,发展中国家有可能比发达国家发展得更快,赶超高收入国家的地位。第二,遵循一个经济体的比较优势(由其禀赋结构决定)来发展该经济体的产业和软硬基础设施,是实现动态增长和趋同的最佳途径。在这一过程中,发展中国家可以拥有后发优势,从而比高收入国家更快地实现技术创新和产业升级,进而向高收入国家靠拢。如果发展中国家的政府能够发挥有效

* 林毅夫,北京大学新结构经济学研究院教授、院长,北京大学南南合作与发展学院院长,国家发展研究院名誉院长。膺选为世界科学院(原第三世界科学院)外籍院士、英国科学院外籍院士。1994 年创立北京大学中国经济研究中心(现北京大学国家发展研究院),并担任主任一职。2008 年被任命为世界银行高级副行长兼首席经济学家,成为担此要职的发展中国家第一人。现任全国政协常委,经济委员会副主任,国务院参事,国家"十三五""十四五"规划专家委员会副主席。作为"经济体制改革理论的探索者",获"改革先锋"称号。

市场的促进作用，根据产业结构进行创新，使产业从潜在比较优势转变为实际比较优势，那么该国的增长速度就能超过高收入国家，从而避免陷入低收入、中等收入陷阱。第三，产业政策是政府在国家创新中发挥促进作用的必要条件。产业政策要想取得成功，就必须瞄准符合本国经济潜在比较优势的产业。政府如何挑选符合本国经济潜在比较优势的产业呢？从新结构经济学的角度来看，根据产业与全球技术前沿的距离、创新周期和战略意义，中等收入国家的产业可分为五种类型：追赶型产业、前沿型产业、比较优势丧失型产业、创新周期短的产业和违背比较优势的战略性产业。

成为一个蓬勃发展的高收入经济体是所有发展中经济体的共同梦想。但迄今为止，只有少数几个经济体实现了这一梦想。自二战以来，在 200 个发展中经济体中，只有韩国和中国台湾这两个经济体从低收入阶段迈向高收入阶段。中国很可能在 2025 年成为第三个。根据世界银行的数据，1960 年世界上有 110 个中等收入经济体。2008 年，也就是全球金融危机爆发的那一年，只有 13 个发展中经济体从中等收入迈入高收入阶段。在这 13 个经济体中，有 8 个是西欧国家，比如西班牙、葡萄牙和希腊，或者是产油国，比如科威特和卡塔尔；另外 5 个则是日本和亚洲"四小龙"——中国香港、韩国、新加坡和中国台湾。

现代经济增长是一个持续技术创新和产业升级的过程，前者提高了现有产业的劳动生产率，后者使经济从低附加值产业转向高附加值产业，从而也提高了劳动生产率。然而，要利用技术和新兴产业的潜力，就需要有运作良好的硬基础设施，以便将产品打入庞大的国内外市场。随着贸易规模的扩大，市场交换需要公平交易，因此需要签订合同和执行合同的法律制度。此外，随着技术和产业的升级，投资规模和风险也在增加，金融结构也必须随之调整。软硬基础设施的改善降低了投资和贸易的交易成本。在这一过程中，发展中国家在创新和技术改进升级方面具有后发优势，因为它们可以向发达国家学习。

发达国家的高收入和高劳动生产率表明其技术和产业处于世界前沿位置。因此，发达国家需要自主发明新技术和新产业，以实现技术创新和产业升级。新技术和新产业的发明成本高、风险大。发展中国家的技术创新和产业升级大多落后于全球技术和产业前沿，它们的创新和升级大多依赖于采用本国新技术、国际成熟技术和产业。因此，与发达国家相比，发展中国家面临的成本和风险较低。换言之，发展中国家在技术创新和产业升级方面具有后发优势。发展中国家有可能比发达国家发展得更快，并赶超发达国家。

然而，尽管具有后发优势，自二战以来，大多数发展中国家仍然停留在低收入或中等收入水平。正如凯恩斯所说："善恶的危险在于思想，而非既得利益。"这些国家糟糕的发展表现反映了发展理念的失败。因此，我提出"新结构经济学"作为发展思想的第三波浪潮。

新结构经济学采用新古典主义方法研究经济发展过程中结构和结构变化的决定因素及影响，包括一个国家的技术、产业、制度、基础设施等结构。这些结构在经济发展过程中的演变就是现代经济增长的本质。按照惯例，应用新古典主义方法研究结构，我应该把这类研究称为"结构经济学"。二战后，当发展经济学领域首次出现时，它就是以结构主义的面貌出现的。为了与结构主义相区别，这种新方法被称为"新结构经济学"。这也是道格拉斯·诺斯（Douglass North）在提出用新古典主义方法研究制度和制度变迁时所采用的方法。他本应将自己的研究简称为"制度经济学"。然而，由于美国在 20 世纪初出现了一个制度学派，因此，诺斯将其方法称为"新制度经济学"，以示区别。新结构经济学的"新"与新制度经济学的"新"具有相同的精神。

在新结构经济学中，分析的切入点是结构——技术结构、产业结构或制度结构——内生于某一特定时期的经济体禀赋结构。土地或自然资源、劳动力以及资本（包括人力资本和物质资本）都是禀赋。对于任何国家而言，禀赋在特定时间是给定的，但随着时间的推移是可以改变的。特定时间的禀赋决定了该经济体的总预算。对于处于不同发展水平的国家而言，其禀赋的结构是不同的。有些国家的自然资源和（或）劳动力相对丰富，有些国家的资本和技能相对丰富。这些相对丰富的资源决定了相对要素价格。

总预算中的禀赋和相对要素价格决定了经济体在某一特定时期的比较优势。这是因为，如果任何一个经济体进入了与其要素禀赋所决定的比较优势相一致的产业，那么其生产成本将是世界上最低的。因此，这类结构应被视为最优结构。然而，市场竞争不仅是要素成本的竞争，也是软硬基础设施所决定的交易成本的竞争，而软硬基础设施应与要素禀赋所决定的产业和技术的需求相一致。

因此，生产结构和技术产业是经济要素禀赋的内生因素，而软硬基础设施是生产结构的内生因素，因此，也间接地内生于要素禀赋。经济发展的最终目标是提高一国的收入。为了将收入从低水平提高到高水平，国家需要提高劳动生产率。而要提高劳动生产率，国家就需要提升内生结构，即从土地密集型或劳动密集型转向资本密集型和技术密集型。但由于包括技术产业在内的生产结构内生于禀赋结构，因而要想成功实现产业结构升级，就必须改善国家的要素禀赋，将其从资本规模相对较小的状态提升到资本相对充裕的状态。这种要素禀赋的变化会改变比较优势。与此同时，国家还必须改善软硬基础设施，降低交易成本，使其决定生产要素成本的潜在比较优势成为实际比较优势。这就需要降低交易成本。我认为，一个国家如果陷入低收入、中等收入陷阱，就无法在创新、技术或产业方面实现动态的结构变革，从而很难赶超高收入国家。

从这一分析来看，一个国家要想实现经济的动态增长，最好的战略就是遵循本国在产业和技术方面的比较优势。假设一国的产业都符合其禀赋结构所决定的比较优势。在此情况下，该国的生产要素成本和交易成本可以尽可能地低，从而使其在国内和国际市场上都具有竞争力，并产生尽可能多的盈余。在这种情况下，该国可以迅速积累资本，提升要素禀赋结构，改变比较优势。发展中国家还可以利用潜在的后发优势，实现比高收入国家更快的增长。在这种情况下，发展中国家可以实现动态增长，摆脱低收入、中等收入陷阱。

遵循比较优势来选择产业和技术，是经济学家们可以理解的思路。但我们如何鼓励企业家自发地作出这种选择呢？企业家关心的是利润。如果相对要素价格反映了一国禀赋中要素的相对稀缺程度，他们就会投资于该国具有比较优势的产业。具有这些特征的价格体系只有在竞争性市场中才能产生。因此，一个运作良好的市场对经济发展的成功至关重要。

经济发展是一个结构转型的过程。它需要先行者进行技术创新和准确识别新产业。政府应鼓励先行者，并对其产生的信息外部性给予补偿。此外，先行者的成败还取决于改善后的软硬基础设施是否符合新产业的需求。基础设施和制度的改善超出单个企业的能力范围。政府应协调企业努力改善基础设施和机构，或者自行提供这些改善措施。因此，促进型国家（facilitating state）也是经济蓬勃发展的必要条件。

在这一过程中，产业政策是政府实现其促进作用的有效工具。首先，对于不同的产业，外部性的内容以及协调方式都会不同，对于不同的发展阶段，外部性的内容也会不同。例如，在低收入国家，基础设施的瓶颈几乎无处不在。要把土地密集型或劳动密集型产业从潜在的比较优势转化为实际的比较优势，国家就需要改善其硬件基础设施。在高收入国家，瓶颈不在硬件基础设施上，而可能在熟练劳动力的提供或基础科学的突破上。在这种情况下，需要国家提供便利的领域会有所不同，政府要选择需要支持的领域。其次，政府的资源和执行能力是有限的，因此，政府必须战略性地使用这些资源和能力。从根本上说，国家也需要扮演企业家的角色，帮助民营企业家在技术创新和产业升级方面取得成功。针对具有潜在比较优势的目标产业,产业政策是协调政府与民营企业努力的工具。

利用产业政策去帮助一个具有潜在比较优势的产业转化为本国的实际比较优势,在世界许多地方已成为禁忌。这是因为在过去,特别是二战之后,许多国家利用产业政策来支持新兴产业的发展,但都以失败告终。从我前面的分析来看,如果政府不发挥促进作用,就很难实现技术创新和产业升级。因此,需要制定产业政策。然而,我们需要了解大多数产业政策失败的原因。

我认为,产业政策之所以失败,是因为政府对产业的定位存在缺陷。在低收入国家,这些政策可能过于雄心勃勃,试图瞄准与它们的比较优势相去甚远的资本密集型产业。在发达国家,政府往往出于创造就业的目的,扶持那些已经失去比较优势的产业。如果政府瞄准的是本国不具备比较优势的产业,那么即使有政府的支持,目标产业中的企业在开放和竞争的市场中也无法生存。因此,政府不得不对这些行业进行保护和补贴,这些保护和补贴导致了各种寻租行为。结果就是,产业政策失败了。

理想的产业政策应旨在促进具有潜在比较优势的产业的发展,使其迅速成为国家的市场竞争优势。对于具有潜在优势的产业来说,这些产业的企业可以拥有尽可能低的生产要素成本。只要政府通过改善软硬基础设施来帮助降低交易成本,这些产业就会在国内和国际上具有竞争力。问题在于如何选择或瞄准国家具有潜在比较优势的产业,并支持这些产业的创新。

根据与全球技术前沿的距离,中等收入国家的产业可分为五种不同类型:(1)追赶型产业,其技术水平和附加值低于高收入国家的同类产业;(2)前沿型产业,即全球技术前沿产业;(3)比较优势丧失型产业,即由于禀赋结构和比较优势的变化而即将退出的产业;(4)新的短创新周期产业,即让中等收入国家能够直接与高收入国家竞争的产业;(5)战略性产业,即违背本国比较优势但出于国家安全需要而发展的产业。不同类型的产业需要不同的创新过程和不同类型的政府支持。

纵观人类历史,领先型国家(pioneer countries)似乎一直扮演着后来者或追赶者的"经济指南针"(economic compass)角色。追溯到16世纪,荷兰为英国扮演了这一角色,而英国又在19世纪末20世纪初为美国、德国和法国,以及在20世纪中期为日本树立了榜样和目标。成功国家所采取的产业升级和多样化战略的一个共同特点是,它们瞄准的是与本国人均收入水平相比并没有太过先进的国家的成熟产业。而不成功的国家在人均收入只占高收入国家人均收入的一小部分时,往往把目标对准发达经济体的先进产业。

这些不同的案例为经济政策提供了宝贵的经验教训。为了确保国家能够挖掘其潜在的和不断发展的比较优势,政府将目标锁定在那些可能失去比较优势的成熟产业上,这些产业所在国家的人均收入水平(按购买力平价计算)平均比本国高出约100%。在这种情况下,该国在先行国家的夕阳产业上将具有潜在的比较优势。如果政府采取产业政策来弥补先行者的外部效应,或者为改善软硬基础设施提供协调,那么该国就会在这些追赶型产业中实现蓬勃发展。

前沿产业已处于全球技术前沿,在全球范围内仍有很大的市场潜力。在当前形势下,一个国家要想在大多数前沿产业中保持竞争力,就必须发明新技术和新产品。在高收入国家,创新意味着发明,因为这些国家的技术和产业已经处于全球前沿位置。在发展中国家,一些产业可能已处于全球前沿位置。例如中国家用电器,如冰箱、彩电和微波炉。如果中国想在这些行业保持领先地位,就必须支持新产品和新技术的发明。

本土研发涉及两类活动:开发新产品和新技术,以及实现新技术和新产品所需的基础科学突破。如果企业开发新产品或新技术的努力取得成功,就可以获得专利奖励。因此,开发新产品和新技术应该是企业的责任。然而,基础科学研究需要大量资金投入,风险较大,而其产出通常以学术论文的形式出现,属于公共产品;因而单个企业可能不愿意进行基础研究。因此,政府应支持催化新技术和新产品创新所需的基础研究。发达经济体的基础研究是由政府资助的机构开展的。发展中国家也应对其前沿产业采用类似的方法。

政府可以利用采购来支持新产品的开发。通过这种方式,突破性的新产品可以迅速实现规模经济生产,从而提升其竞争力。政府还可以提供支持,帮助这些前沿产业的企业进入新市场。这些都是支持前沿行业创新的方式。

在失去比较优势的产业中,可能有已经失去比较优势的产业,如中国的劳动密集型产业。对于一个因工资上涨而已经失去比较优势的产业,尤其是劳动密集型产业,国家应帮助企业转向品牌建设、产品设计和营销管理等高附加值领域。政府还应通过培训工人和设计师、发布企业品牌名称、帮助企业打入新市场等方式来支持企业。对于其他无法向微笑曲线两端移动的低附加值企业，政府应帮助它们迁移到低工资国家，或者培训从制造业释放出来的工人以帮助他们寻找其他工作。

创新周期短的产业在进行创新时更依赖人力资本而非物质资本。人力资本丰富的国家可以支持这些产业的技术创新和产品创新。在这些国家，政府可以建立孵化园，为发现新产品、新技术和新市场的天才们提供创业环境。政府还可以鼓励风险投资，为大多数技术天才提供支持。政府需要加强知识产权保护，因为如果企业发明了新产品和新技术，其知识产权必须得到保护。政府还可以通过采购新产品，帮助企业迅速扩大生产，从而实现规模经济。

国防或经济安全所需的战略性产业或创新周期长的产业，一般都是资本密集型产业。虽然这些产业可能不符合国家的比较优势，但国家应为其研发提供补贴，以开发新产品。无论这些企业是国有企业还是民营企业，它们都属于国家不具有比较优势的行业，这意味着它们在竞争性市场中无法生存，需要补贴才能成功。这类行业的潜在补贴应该很少，最好采用直接财政支持的补贴形式。例如，在过去的计划经济中，采取进口替代战略的国家一般都会取消各种制度和价格信号。在这种情况下，这些产业并不具备比较优势。但对于一个战略性产业来说，如果它的规模较小，那么国家就应该用直接的财政支持来补贴其创新和运营。

综上所述，低收入、中等收入陷阱是一种现象，而不是发展中国家的宿命。低收入、中等收入陷阱也是政策失败的一种表现，其反映了政府没有促进本国具有比较优势的产业的创新；或者政府过于雄心勃勃,试图促进本国不具有比较优势的产业;或者政府出于政治原因,希望保护就业。这些违背比较优势的尝试会导致产业升级和技术创新的失败。这样,国家就无法实现动态增长,并将继续走上经济表现不佳的道路。

发展中国家要想实现动态增长,改变陷入低收入或中等收入陷阱的命运,就必须运用新的政策方针和新的理念,在竞争激烈的市场中找出自己具有潜在比较优势的产业。实现动态增长需要国家的推动,为先行者提供激励,帮助其克服软硬基础设施方面的瓶颈。如果国家能够做到这一点,并通过企业家的创新努力帮助将国家的潜在比较优势转化为实际比较优势,那么任何国家都能实现动态增长。

6 跨越式发展的可能性：
   以中国半导体领域为例

李　根（Keun Lee）*

内容提要　全球价值链自 2019 年受多重因素影响以来，确保关键中间产品的供应已成为维持全球经济弹性和控制通胀的最重要事项之一。因此，毫无疑问，发展半导体产业是许多国家的首要任务，以确保这一关键中间产品投入许多产品和电信系统的稳定供应中。本文首先回顾中国过去为促进半导体产业所作的努力，然后从技术和市场体制方面探讨追赶缓慢的原因，并介绍韩国的经验，

　　*　李根，首尔国立大学经济学特聘教授、比较经济研究所所长、经济赶超中心的创始主任，加拿大 CIFAR 机构的研究员。2021 年，他担任韩国总统的核心咨询机构国家经济咨询委员会副委员长（委员会主席）。他是《研究政策》（*Research Policy*）的主编之一、《项目辛迪加》（*Project Syndicate*）的定期撰稿人。他曾担任国际熊彼特学会主席（2016—2018 年），是联合国发展政策委员会委员（2013—2018 年）、世界经济论坛全球金融委员会委员（2016—2019 年）。他在加州大学伯克利分校获得经济学博士学位，他的论文总引用约 1.2 万次，谷歌学术 H 指数为 49。他曾出版专著《熊彼特经济追赶分析》（剑桥大学出版社，2013 年）、《中国的技术跨越与经济追赶》（牛津大学出版社，2021 年）。其中，《熊彼特经济追赶分析》获得 2014 年熊彼特奖。

最后讨论中国是否能够通过尝试跨越式战略获得与韩国类似的
成功。

6.1 引言

自 2019 年以来,确保关键中间产品的供应已成为维持全球经济
弹性和控制通胀的最重要事项之一(Lee,2021,2022)。因此,毫无
疑问,发展半导体产业是许多国家的首要任务,以确保这一关键中
间产品投入许多产品和电信系统的稳定供应中。

尽管美国凭借其在芯片设计或无晶圆厂半导体行业的优势,在
半导体行业中占据了最大的利润份额,但美国越来越担心所有芯片
制造设施都位于遥远的东亚地区。此外,美国并不希望中国成为下
一个芯片制造基地。中国是否能像韩国一样在芯片制造领域取得
相似的进步,令越来越多的人关注。

现在,三星在西安已经有一家存储芯片工厂,SK 海力士在无锡
也有一家工厂。当然,中国作为全球最大的芯片市场,其芯片严重
依赖进口;因此,中国政府将半导体行业定为自主创新的首要目标。
尽管付出了巨大努力,但到目前为止,中国在该领域的追赶程度仍
相对有限。

本文第 6.2 节回顾中国过去为促进半导体行业发展所作的努
力,然后在第 6.3 节从技术和市场体制方面探讨追赶缓慢的原因(Lee
and Lim,2001)。之后,在第 6.4 节重点考察韩国的经验,以探索作
为后进入者的韩国是如何在行业中取得成功的。最后一节讨论的

问题是,中国是否能够通过尝试跨越式战略获得与韩国类似的成功。

6.2　中国的早期追赶努力

当中国在 20 世纪 70 年代末对外开放时,其半导体产业明显落后于世界前沿(Rho et al.,2015)。因此,中国政府开始通过引进国外技术来重建该行业。然而,由于《瓦森纳协议》(Wassenaar Arrangement)严格控制技术出口,这导致中国企业无法获得最新技术。在 20 世纪 90 年代,中国政府启动了国家项目,以促进本土企业的追赶过程(Rho et al.,2015)。第一个名为"908 计划"的项目于 1990 年 8 月启动,其目标是建造一条 6 英寸的晶圆生产线。然而,这个历时七年的项目所取得的工艺水平已经落后世界前沿好几代。于是,中国政府于 1996 年启动了第二个项目,并打算在上海建立一条 8 英寸的晶圆生产线。该项目最终以与日本的 NEC 成立合资企业而告终。自 2000 年以来,随着越来越多的海外华人企业家开始回国建立集成电路公司,中国政府采取了一系列税收优惠和措施来支持本土企业(Yu,2008),其他促进政策包括信贷支持和研发费用所得税抵扣。近年来,中国政府确实采取了更为积极主动的态度。但是,这些新举措的完整影响和效果还未显现,需要观察企业层面的应对反应,才能进行全面且深入的评估。

全球集成电路行业的领先公司有几种不同的商业模式(Wang and Lai,2013),包括英特尔和三星在内的一些公司拥有自己的芯片设计和制造流程,即所谓的集成设备制造商(IDM)。其他公司要么采用无晶圆厂模式，专注于芯片设计；要么采用代工方式，专注于芯片制造。IDM 模式在资本投资和技术创新方面显然是密集的。中国的国家支持项目在早期阶段也尝试采用 IDM 模式，但无一获得成功。吸取了这个教训，几乎所有的中国本土公司都遵循了在中国台湾地区盛行的模式：要么专注于无晶圆厂，要么专注于代工厂，这些公司很少有采用 IDM 模式的（Chen，2014）。许多中国集成电路设计公司遵循的另一个策略是瞄准专用集成电路（ASIC）市场。专用集成电路细分市场并不依赖于实际的前沿技术，但市场知识对公司开发专用集成电路具有决定性作用。在某种程度上，后发企业发现进入专用集成电路领域比进入存储芯片领域更容易。

6.3 为什么追赶困难？技术和市场体制

半导体行业可以分为存储芯片和专用集成电路两个部分。一般来说，存储芯片的技术知识嵌入程度高于专用集成电路，因为前者依赖于针对特定芯片的大规模生产工艺（Lee et al.，2017）。在这两个市场中，隐性知识对于高效稳定地管理这些设施、提高运行率和设施生产率都很重要。在存储芯片领域，由于产品生命周期较短，技术专有性要求公司迅速引领市场，以尽快获得收益。换句话说，必须迅速生产新产品和下一代产品。此外，还必须为下一代建造新的设施，以提高制造更大直径晶圆的生产率。虽然高度复杂尖端的技术不容易获得，但成熟或过时的生产技术往往可以在授权后获得，正如过去在韩国所观察到的情况（Lee and Lim，2001）。

　　然而,领先企业往往主导专利组合,以限制后发企业获得最新技术。由于半导体市场的寡头垄断结构,半导体制造企业之间的竞争非常激烈,知识产权诉讼层出不穷。半导体行业的技术和组织知识是高度累积的,至少在同一代技术中是这样。学习过程的累积性使得先发优势在行业中至关重要,它导致了一个"成功—繁衍—成功"(success-breeds-success)的演化过程(Lee et al.,2017)。领先的在位企业的组织能力随着时间的推移而提高。因此,该行业越来越集中并表现出典型的"熊彼特过程Ⅱ"的创新模式(Malerba,2004)。

　　综上所述,集成电路制造的技术体制的特点是技术获取较难(像存储器芯片这样的成熟生产技术是一些例外情况)、在位企业的技术专有性高,这对中国后发追赶外国领先企业是不利的。因此,除非像20世纪80年代韩国企业那样有计划地获取外国的知识和设计(Lee and Lim,2001),否则中国企业可能会遭遇后发劣势,甚至很难赶上领先的同行。

　　根据1996年的《瓦森纳协议》,西方主要集成电路公司的母国限制向中国等国家出口尖端集成电路制造技术。因此,中国企业很难从上游供应商那里获得具有最新技术的关键设备。充其量,这些公司可以引进的技术水平比它们的全球竞争对手落后一到两代,这一限制大大减缓了它们的学习速度(Rho et al.,2015)。

　　半导体行业的市场体制与常见的消费市场有很大的不同,并且通常不像手机行业那样(对后发企业)有利。在存储芯片方面,低端市场无法与高端市场明确区分,特别是对于通用芯片而言(Rho et al.,2015)。因此,本土企业无法占有低端市场。

因此，典型的后发追赶策略在存储芯片市场并不适用。后来者，包括过去的韩国，往往通过以低价产品进入和瞄准低端市场来追赶在位企业（Kim，1997）。这种"先低端后高端"的策略在许多消费品中都很有效，比如汽车、手机和电视（Lee et al.，2017）。但是，在存储芯片市场，并不存在这样的低端和高端之分。下一代芯片的容量更大，价格却与旧一代或现有一代芯片相似甚至比后者更低，因此，后一类产品会从市场上消失，价格暴跌至零（Rho et al.，2017）。如果我们考虑不同容量的 U 盘的价格，就不难理解这一点。

6.4 韩国过去是如何成功的？

那么，像三星公司这样的韩国制造商是如何从东芝公司等日本制造商手中夺取市场的呢？三星公司采取了跨越式战略先于日本企业开发出下一代芯片（Lee and Lim，2001）。当未来的产品更具可预测性时，这种跨越式发展或后发企业比领先企业提前布局是更可行的，例如，遵循从 1K 字节芯片升级到 16K 再到 64K 的预测路径，等等。对三星公司来说，唯一的约束因素是能否从国外获得技术。

回顾韩国存储芯片产业的发展历程，我将其归类为阶段跨越式（stage-skipping）赶超，即韩国企业大多遵循领先企业的道路，但在发展过程中会跨越几个阶段。在 20 世纪 70 年代，几家韩国公司开始从事晶圆加工并吸收低水平技术，这些公司采取了由外国公司提供设备的外商直接投资或私人贴牌（OEM）的形式。除了一些像

KIET(韩国电子技术研究院,现在更名为 ETRI)这样的官方研究机构得到政府的少许支持外,其他企业一般不会得到政府的支持。20 世纪 70 年代末至 80 年代初是吸收尖端技术的时期,所有外国企业都将股份出售给韩国企业,三星公司等韩国财团接管了这些企业。在没有政府帮助的情况下,三星公司在 20 世纪 80 年代初开始自主生产 64K 位 D-RAM 芯片。据说,当时韩国政府的立场是,国内企业必须从 1K 位开始,但民营企业决定跳过 1K 位到 16K 位,直接进入 64K 位 D-RAM 的研发。

这是怎么成为可能的呢？获取外部知识库是解决这个问题的部分关键。包括三星公司在内的韩国企业考虑生产 16K 位 D-RAM 的时期,是世界 D-RAM 产业从 16K 位到 64K 位的过渡时期。三星从美国的一家小型风险投资公司微电子技术公司(Microelectronic Technology)购买了 64K 位 D-RAM 设计技术,并从日本夏普公司购买了制造技术。对于现代汽车的例子,它从 Vitelic 公司购买了设计技术,并试图开发自己的制造技术,但没有成功(Kim,1994)。后来,现代汽车不得不向美国得州仪器公司借用制造技术。因此,这种阶段跨越式赶超是通过许可形式获得外部知识库从而成为可能的。

韩国企业在引进国外制造技术生产 D-RAM 内存条的几年之后,开始开发自己的电路设计技术,并于 20 世纪 80 年代中期首先研发和生产 256K 位存储芯片。三星公司之所以选择自行研发 256K 位以上 D-RAM 的设计技术,是因为很难买到这种设计,而且价格也不便宜(Kim,1997b)。在这一过程中,硅谷的海外研发基地和归国人才发挥了至关重要的作用。据观察,三星公司在美国硅谷研发的

256K 位 D-RAM 比日本的同类产品性能更好(Kim,1997b)。在三星公司自主研发出 256K 位 D-RAM 后,一些外国企业曾向三星公司出售其 1M 位 D-RAM 设计技术,但三星公司认为自己可以自行研发,因此拒绝购买(Kim,1997a)。

政府的产业政策总是滞后于民间企业的进步(Bae,1997)。直到 1986 年,韩国政府才组建半导体研发联盟,邀请三星公司、LG 公司和现代公司参与,从 4M 芯片开始研发下一代存储芯片,最终发展到 256M 芯片。三星公司在美国加利福尼亚硅谷建立了研发中心,开发比日本企业更高容量(256K 字节)芯片的设计。三星公司还研发出一种"堆叠法"的新技术,与东芝和 NEC 采用的"沟槽法"作比较。韩国企业研发的 256M 芯片是世界首创。通过这种方式,三星公司和韩国企业成为开路先锋,它们的技术能力已达到通过逆向工程创新产品概念及其设计的最后阶段。

综上所述,D-RAM 的案例可以被认为是一种阶段跨越式赶超,它依靠授权或者在海外设立研发机构的形式获得外部知识,并利用了企业财团大规模生产和投资能力的优势(Lee and Lim,2001)。还应该指出的是,D-RAM 的特殊特性为后发企业提供了一些优势,这与创新路径和追赶目标明确相关。然而,新一代芯片的持续开发需要一些明确的知识,韩国企业在政府、海外研发机构和从美国返回的人才帮助下,弥补了这一知识差距。尽管取得了这一成就,三星公司仍依赖于外国,包括日本的高科技元件、部件和供应品,以及来自美国的软件。三星公司目前的重点是提高生产效率,如收益率。

6.5　中国跨越式发展的展望

鉴于对外国技术和设备的获取越来越严格,中国现在很难复制(与韩国)相似的跨越式发展战略。这些高科技零部件和供应商的供应企业数量非常有限,甚至只有一两家企业。因此根据产品的不同,市场处于寡头垄断甚至接近垄断的状态。对于最关键的设备之一——极紫外(EUV)光刻机,荷兰 ASML 公司几乎处于垄断状态,而软件则由美国公司严格控制。因此,目前的情况对中国来说是不利的,因为它曾经受到多边出口管制协调委员会(COCOM)以及后来版本的《瓦森纳协议》的约束,该协议限制向共产主义国家转让战略性技术。

中国在半导体领域的崛起肯定会推迟,但并非完全不可能实现(Lee,2022)。首先,存储芯片市场是一个没有高端和低端划分的统一市场,而系统芯片(或专用集成电路芯片)市场则存在不同的细分市场。例如,目前汽车用芯片市场供不应求,因此业务利润丰厚。但企业并不采用最先进的小于 10 纳米的光刻工艺技术,而是采用 20 至 30 纳米工艺技术等相对成熟的技术,这些技术在技术转让方面没有严格的控制。在这一领域,中国代工企业如中芯国际(SMIC)获得了大量利润,这些利润可以用来投资先进的下一代芯片。

最终,如果中国找到一条不同于在位企业的新技术轨迹,从而减少对西方技术的依赖,那么中国实现跨越式发展就是可能的

（Lee，2022）。事实上，这种颠覆性创新是可能的。例如，正如美光公司所宣称的那样，不使用 EUV，而使用比 EUV 老一代的机器深紫外光刻技术（deep ultraviolet lithography，DUV）开发下一代芯片并非不可能。中国在科学方面的进步则是另一个可能帮助中国实现跨越式发展的因素。例如，中国在 IT 领域科学期刊文章中的份额从 2013 年的 22.4%（美国为 20.8%）上升到 2018 年的近 40%，而美国 2018 年为 16%（Lee，2021，Table 5.1）。

最后，来自美国方面的一个复杂因素是，部分人士抱怨美国对中国工厂技术获取的控制减少了中国生产的芯片对美国的出口，从而成为美国通胀上升的一个原因。这些人认为有必要放松这种控制，并反对美国对这方面的管制（Klyman，2022）。他们认为，尽管美国将向半导体公司提供了 500 亿美元的补贴，其中可能包括三星公司或台积电等非美国本土公司，但这并不能保证这些公司不会滥用这些补贴进行股票回购。

在严重通胀情况下和下届大选临近之际，美国面临两难选择：要么首先放松对中国行业的技术控制来应对通胀，要么继续阻止中国获得西方市场和技术，从而迫使中国最终通过跨越式发展寻求一条不同的、独立的技术道路。从广义上讲，这相当于美国所面临的根本困境：美国是继续与中国相互依赖，还是与中国"脱钩"。

参考文献

［1］Chen，X.，2014，"Current Status and Future Development of Chinese IC Industry"，*China Electronics Market* (*in Chinese*). 1/2，14—18.

〔2〕Kim, Chang-wook, 1994, "The Entry Strategy in the Semi-conductor Industry: the Experience of the Hyundai Electronics", *HRI Forum*(in Korean), Fall.

〔3〕Kim, Linsu, 1997a, *Imitation to Innovation: The Dynamics of Korea's Technological Learning*, Boston: Harvard Bus. School Press.

〔4〕Kim, Linsu, 1997b, "The Dynamics of Samsung's Technological Learning in Semi-Conductors", *California Management Review* 39, No.3. Spring.

〔5〕Klyman, Kevin, 2022, "Biden's War on Chinese Computer Chips Harms Americans", *National Interests*, June 12.

〔6〕Lee, Keun, 2022, "How Realistic Are China's Semiconductor Ambitions?", Project Syndicate.

〔7〕Lee, Keun Lee, 2021, *China's Technological Leapfrogging and Economic Catch-up: A Schumpeterian Perspective*, Oxford University Press.

〔8〕Lee, K., Gao, X., & Li, X., 2017, "Industrial Catch-up in China: A Sectoral Systems of Innovation Erspective", *Cambridge Journal of Regions, Economy and Society*, 10(1), 59—76.

〔9〕Lee, Keun, ed., 1997, Technological Capability and Competitiveness of Korean Industries(in Korean), Seoul: Kyung-mun-sa.

〔10〕Malerba, F.(Ed.), 2004, *Sectoral Systems of Innovation*, Cambridge University Press.

〔11〕Rho, S., Lee, K., & Kim, S. H., 2015, "Limited catch-up in China's Semiconductor Industry: A Sectoral Innovation System Perspective", *Millennial Asia*, 6(2), 147—175.

〔12〕Wang, S., Lai, F., 2013, "State of the Art of China's IC Industry and Strategies for Its Leapfrog Development", *Microelectronics (in Chinese)*, 43(4):572—576.

[13] Yu, X.K., 2008, "Improving Industry Policies to Promote the Development of the Chinese IC Industry", *Zhongguo Dianzi Shanqing* (in Chinese), 9, 16—22.

7 第六代创新的崛起

吴晓波(Xiaobo Wu)*

内容提要 在经济系统的范式转变下,商业生态的构建基于数据源的数据安全交换、数据存储与云平台、数据分析与挖掘、数据应用场景等方面。在过去四十年里,政府支持和产业创新促进了中国互联网产业的迅速发展。数字经济的核心要素是数据资源和全要素数字化,其载体是现代信息网络、数字基础设施和数字平台。为了应对竞争日益激烈、利润空间不断缩小的困境,传统企业纷纷引进数字化技术,加大自身资金投入以寻求数字化转型。当前新兴产

---

* 吴晓波,浙江大学社会科学学部主任、教授,国家创新管理研究院(NIIM)院长,浙江大学—剑桥大学全球制造与创新管理联合研究中心主任,睿华创新管理研究所联席所长。新兴经济体商学院联盟 CEEMAN(原中东欧及中亚商学院联盟)副主席,以及全球未来理事会成员。专注于技术创新和创业管理、全球制造业和基于网络的竞争战略等研究。在 *IEEE*、*TEM*、*AJTI* 等学术期刊编委会任职,积极参与管理咨询业务,曾担任吉利、西门子(中国)、海康威视、杭氧、亨通、西子联合健康(XIZI UHC)等知名企业的顾问和董事会成员。2011—2012 年,被选为国际中小企业创业联合会(ICSB)高级副主席。

业加速迭代,使创新成为数字经济发展的重要动力;数字经济与传统产业跨界融合的实践正在不断创新。数字经济跨界融合拥有万亿级的巨大市场,"数字+"模式将存在于每一种产品、服务及经济活动中,并将不断升级其业态(业务经营的形式、状态)。互联时代的机遇包括提高资产和服务效率、提升服务产品、打破单一数据、实现内部协同;企业采用政府和企业授权的创新新模式也取得了良好效果。

　　本文将分四个部分来介绍我对创新系统,即第六代创新的看法,重点关注整个经济体系的范式转变。第一,全球正在经历经济乃至政治体制的范式转变。科技是第一生产力,是国家强盛的关键,我们正在进入所谓的第四次工业革命。为了弄清科学和技术在工业革命中的差异,当我们翻看崛起的商业生态系统图时,会发现它分为三个主要阶段。从新基础设施到电子商务再到互联网产业,它包含数据源、数据安全、数据存储与云平台、数据交换、数据分析与挖掘、数据应用场景六大板块。与此同时,数据已经成为当前经济的一个重要因素。

　　在过去四十年里,中国处于一个大的数字背景下,商业和物联网迅速崛起。这不仅基于政府的政策,也基于人们的努力和企业的创新发展。因此,互联网的飞速发展和经济从劳动力密集型向知识密集型的转变给中国带来了新的机遇,数据成为更有效推动经济发展的资源。因此,现代信息系统、基础设施和数据形式在整个经济中发挥着越来越重要的作用,我们需要思考创新的趋势。我和同事曾共同发表论文，讨论有关的解决办法。基于网络的创新范式说明了公司为一个或几个细分客户提供的价值，以及公司架构及其合作伙伴的网络关系，这些价值和关系资本用于创造、营销和交付，以产生盈利和可持续的收入流。

第二，正如我们所看到的，第六代创新正在崛起，其最重要的特征是共同创新。那么，如何以这种方式创新产品、技术、整体价值呢？而且，我们还看到整个行业随着时间的推移发生了变化，那么传统产业和传统企业如何转型以创造出新的东西？另外，新技术塑造了整个商业界，接受这种转变的结果是什么呢？我们看到整个社会生态系统作为一个整体正在崛起。与此同时，我们注意到工业互联网兴起，这是过去十年中出现的全新事物。通用电气是第一个宣布实行工业互联网这一计划的公司。它将工业系统与先进的计算分析、低成本传感和新水平的连接能力整合到一起。所以，从创新的角度来看，我们看到从概念产生到产品生产，甚至到废弃，整个生命周期过程都在发生变化。同时，我们看到完全的开放和与他人的联系，甚至是与那些在不同规模上参与的人的联系。工业互联网可以应用到各行各业。

互联网贯穿系统的整个生命周期，而自然互联网系统具有系统安全性、信息安全性、灵活性等特点，其内部操作能力、高级管理能力和数据分析及控制能力形成了智能化动态组合。互联网行业正在以一种全新的方式发展。我们为什么提出第六代创新这个问题呢？罗斯威尔（Roswell）教授提出了第五代信息化的概念，其描述的是 20 世纪后期的情况。在一开始，重要的是看到技术的推动力；所以，我们在决策中看到创新，我们称之为市场和技术的耦合模型。我们也看到基于趋势的系统正在兴起。当互联网兴起的时候，信息技术变得越来越强大。我们看到集成创新是正确的做法，我们称之为公司间决策的兴起。在20世纪末，我们看到信息可以迅速发展，所有的生产制造都变得越来越灵活。我们也看到软系统的兴起，这就是第五代创新。因此，信息模型作为决策的小系统而被广泛使用。随着我们进入新世纪，互联网开始出现，不仅仅有互联网，还有商品。于是，我们看到价值网络的兴起。这个模型是这样描述的：随着数据技术的兴起，人工智能相互连接，我们将它们分配到创新系统中，这就是并行系统。

工程学兴起于第四代创新和风险创新的时代，我们可以看到第五代创新环境和企业间的高资源依赖性，我们称之为信息组织。所有参与者都联合起来支持创新流。但是，正如我提到的，2010年之后的新事物——互联网、工业互联网——正在崛起。因此，不仅商品是相互联系的，制造业、机器也是相互联系的。这是新的系统，一个开放、包容的工业互联网，它是真正的互联网。

第三，在这样的背景下，巨大的机遇正在崛起，提高资产和服务效率的机遇。通过实时数据，工业互联网可以提高对机器状态的可视化，实现对生产线更全面的了解。此外，在服务化方面，通过远程监控和预测分析，工业互联网可以帮助企业实现以服务为导向的转型战略，并提高企业的服务水平。因此，智能互联网可以打破传统孤立的信息系统之间的孤岛，实现高效开发和内部协作。我们要抓住"第六竞争力"（sixth competitiveness）的机遇。

当然，实现互联互通也面临挑战。人们认为，当新范式兴起时，经历贫困的人会变得更穷。接下来，要讨论的挑战是转型能力，将以一些中国的案例为例。

第一个例子是新的演化模式的证据。我曾带领我的团队去浙江省绍兴市新昌县调研。有一家叫托曼集团的企业。该企业成立于2006年，是一家为中小企业提供技术和转型解决方案的制造服务提供商，主要从事自动化设备、智能部件、工业互联网应用、基于工业4.0的系统集成等领域的研发、制造和服务。它可以帮助中小型企业创造价值，其系统被称为智能制造系统，是智能制造技术创新项目的承包商，它提供工业软件，也提供智能设备，以及轴承行业的工业互联网平台。这就是产品驱动的商业模式创新：从智能装备的生产开始，托曼集团逐步构建企业内部的智能生产管理体系和区域制造生态系统。

第二个例子也是一家为中小企业提供平台服务的企业，名为蒲惠智造，成立于2018年。蒲惠智造通过产品创新和商业模式创新来发展工业互联网平台，从而在领域内大获成功。

第三个例子关于数字技术支持的包容性创新。一些贫困地区面临的挑战包括：产业基础薄弱，农产品电商品牌效应弱，物流成本高；缺乏专业人才，特别是领导型和复合型人才；资金支持不足，可持续经营能力差；等等。我们更关注通过农村电子商务相关的创新来实现扶贫，思考数据科技赋能扶贫创新，并且有许多数据公司联网参与扶贫项目。这儿有一些数据将2017年和2020年进行了比较（图7.1）。在过去十二年里，淘宝村发展迅速（图7.2）。这个基于多

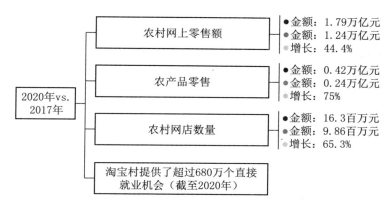

图 7.1　2017 年与 2020 年农村电子商务发展对比

资料来源:中国商务部。

	2009 年	2021 年
淘宝村总量(个)	3	7 023
覆盖省份总数(个)	3	28

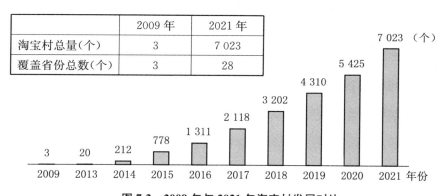

图 7.2　2009 年与 2021 年淘宝村发展对比

资料来源:所有研究。

年制造经验的全新公司蒲惠智造从传统制造公司中诞生,现在,该公司为它们的中小型公司提供服务。它们则为客户和生产提供信息通信技术,也为那些小公司提供办公自动化服务。所以我们说,有了这个,它们就能获得产品信息,并将其用于商业模式创新。

　　还有一些模式关注大众市场,也就是金字塔的底部。它们采用大规模生产并为这些(关注大众市场的)公司提供持续服务。因此,更重要的是,我们应该看看如何帮助这些公司。传统上,一般要着重考量智力差距、高物流成本、专业人才缺乏和资金支持不足等主要问题。但随着开放平台的发展,这些问题以一种新的方式得到解决。我们看到令人印象深刻的电子商务,它利用主要城市的技术储备撬动当地资源。因此,新的扶贫路径在中国非常成功。总的来说,我们看到技术数据是如何带来包容性创新的。这里面有很多争论。我现在不愿意在这里展示细节,只展示路径,尤其是这种路径。

此外,很多行动都是由不同的参与者采取的,比如金融服务、制造业服务、科学技术,还有像阿里巴巴这样的机构,以及专家、个人。在过去四五年里,这样的进步增长得非常快。这是一个全新的农村创新体系。正如你们所看到的,这是一个小公司的例子,这个公司由年轻的企业家创立。

还有一个是创新系统的模式,即网络电子商务供应商和地方政府。当然,成功离不开人才,那么我们如何帮助这些农民呢?我们看到"互联网+"开启了农产品新技术的可能性,同时也给农民提供了先进的技术来帮助他们改进产品,甚至是他们的文化事业。

第四,作为专业人士,我要强调的是:我们需要区分创新系统。这就是我们所能做的一切。我们需要重新建立一个新的创新生态系统。这是数字经济的一项重要任务。这就是为什么我们正在考虑政府、公司、用户、大学和金融机构的关键作用。

8　突破式技术变革时代下的技术主权

乌维·坎特纳（Uwe Cantner）*

内容提要　本文将从三个方面来阐述突破式技术变革时代的技术主权。第一，生产率增长放缓，为此我们更加努力地开发和改进一些技术，这些技术是过去50—70年来作为科技和经济发展基础的技术。第二，可持续发展目标（SDGs）。我们需要转向以可持续发展为基础的技术，并发展和改进这些技术。第三，新的地缘政治强化了以强有力的经济手段来应对生产力增长放缓和可持续发展目标实现这一趋势。我们面临越来越多不利的环境条件。本文还介绍了对关键技术进行的三项实证研究。此外，我们引入一个差距模

---

* 乌维·坎特纳，德国耶拿大学经济学教授，南丹麦大学经济学教授。担任耶拿大学副校长，负责青年研究员和多样性管理工作；德国联邦政府研究与创新专家委员会主席，以及创新变革经济学负责人；第15届国际熊彼特学会会议主席。主要研究领域包括创新经济学、演化经济学、产业经济学、生产力理论与测量、公共经济学、公共财政。本文主要资料来源有：德国联邦政府研究和创新专家委员会2022年报告；实证研究详情请见坎特纳和克罗尔（Kroll）的研究。

型，以展示两个处于不同知识水平的国家之间的技术差距。最后，我们谈到如何通过内部生产或国际贸易采购来获得技术主权及其可能面临的风险，并列举了几个关于技术主权的产业政策案例。

当今，世界正面临激进的创新和变革，为什么我们会这样认为呢？至少有三个原因。第一，在过去几十年里，我们经历了相当长时间的生产率增长放缓过程。这可以解释为什么，在过去50—70年里，我们一直在努力开发和改进作为科技和经济发展基础的现有技术。

图8.1以百分比形式展示了1960—2014年的平均全要素生产率（TFP）的增长率变化情况。图8.1的图（a）是欧洲国家，图（b）是欧洲以外的其他国家，如中国、日本、韩国和美国。图8.1中柱状图的高低代表了每个国家每隔五年TFP增长率的值，几乎每个国家或多或少都出现了生产率增长下降的情况。随着时间的推移，这可能表明技术潜力已经被充分利用，创新主体开始寻找不同的、全新的新技术。

第二，从规范的角度来看，联合国提出的可持续发展目标是全球性的，各国具有共同的责任。这意味着，我们有必要从过去几十年间使用的技术转向以可持续发展为基础的技术，必须发展和改进这些技术。这也意味着技术自由并不充分。因此，可持续发展是进一步发展的主导标准，这是一个规范性的观点。

第三，我认为需要考虑的是新的地缘政治形势的影响。我们面临的环境条件越来越复杂，这些环境条件对采取经济手段应对生产率增长放缓和实现可持续发展目标构成了威胁。在此之前，我们当

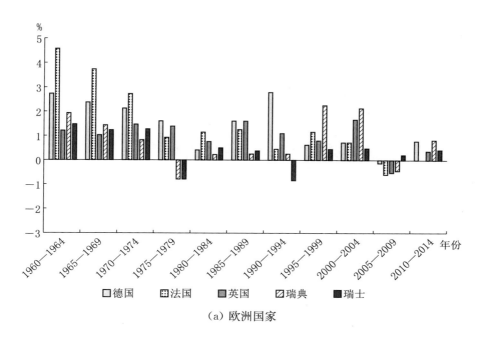

（a）欧洲国家

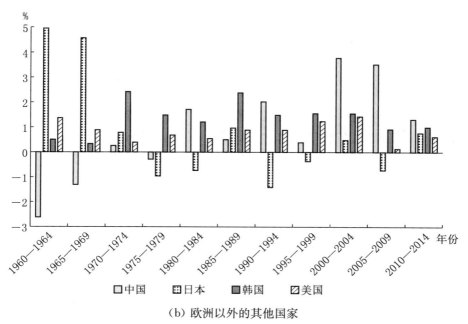

（b）欧洲以外的其他国家

图8.1　全要素生产率年增长率的国际比较

然还有企业危机，它仍旧未结束。这些挑战要求我们在各个领域考虑采用全新的突破性技术。

在试图说明我们正处于突破性创新时代的情况之后，需要考虑的问题是，全球经济学家准备如何迎接这些突破性创新？这将如何影响国际经济绩效并从国际贸易关系中衍生出来？

接下来，本文将重点阐述所谓的关键技术。关键技术是指与世界上大多数经济体的未来息息相关的技术，特别是对那些不能依赖自然资源维持生计的经济体来说，它们必须创造新的理念、新的技术，才能至少保持其福利水平。

这些关键技术的定义是其本身就具有很高的发展潜力。因此，它们具有很大的发展潜力和改进潜力，并表现出很高的生产率。此外，这些关键技术还旨在广泛提升其他技术的发展潜力。同时，两者之间存在反馈机制，可以称为诱导机制，这对于关键技术的定义很重要。最后，但并非最不重要的一点是，这些关键技术与可持续发展目标高度相关。

哪些关键技术是我们的关注对象？这是一个经过深思熟虑的问题，人们对于哪些技术是关键技术、哪些技术不是关键技术存在不同的看法。在我们的分析中，我们选择了 13 项关键技术，这些技术可以分为四大领域。我充分认识到，深入研究这 13 项关键技术的细节，甚至是这 13 项技术之下子技术的细节，可能会获得更多的见解。那么，这四大领域是什么呢？一是生物和生命科学技术，共 2 项；二是数字技术，总共有 6 项子技术；三是材料技术，共 2 项；四是生产技术，共 3 项。图 8.2 展示了四大技术领域及其子领域之间关系的概览。

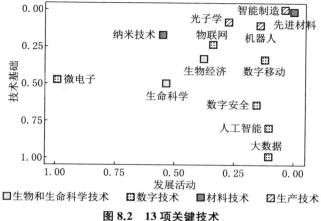

图 8.2　13 项关键技术

当我们想了解各国在这些关键技术方面的实力如何时,我们要分三步。首先,2016—2018 年这些技术的竞争力如何? 第二步,我们想知道这些技术在 2025—2030 年的情况。第三步是探索这些技术未来在 2030—2040 年及更长时间的发展前景。

若要对当今的国际竞争对手进行研究,研究选定国家在各个关键技术领域和子技术领域的比较优势和劣势是非常有意义的。

我们选择六个国家和地区进行分析,包括中国、德国(作为一个地区)、欧盟(27 个成员国)、日本、韩国和美国,对四个主要技术领域和13 个子技术领域,并使用－100 到 100 的评分范围来进行评估,中间值为 0。正数意味着某个特定国家在某项技术上具有比平均水平更高的比较优势。负数表示某个特定国家在某项技术上处于竞争劣势。

结果展示在图 8.3 中,在数字技术方面,中国、日本和韩国都具有比较优势,而德国和欧盟 27 个成员国在这方面则存在较大劣势。随着时间的推移,德国、欧盟和美国的这种劣势会越来越大。然而,在生物和生命科学技术、材料技术和生产技术方面,情况有所不同。

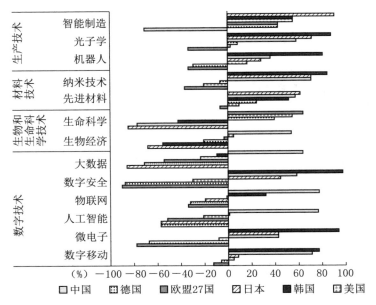

图 8.3　选定国家在各个关键技术领域的比较优势与劣势(2016—2018 年平均值)

例如,德国和其他欧盟国家在生产技术、生物和生命科学方面具有比较优势,而在其他技术方面则存在劣势。中国、韩国和日本似乎在除了先进制造业技术外的所有技术领域都非常强大。令人惊讶的是,中国是唯一在生物和生命科学技术领域处于相对劣势的国家。所以各国的优劣势因技术领域的不同而异。

第二步,是探讨 2025—2030 年的国际竞争力。

我们采用了一个较大的时间跨度来研究这些领域的跨国专利申请情况:第一个时段是 2000—2002 年;第二个时段是 2016—2018 年。你会发现对于大的领域,每个国家有两种颜色。如图 8.4,右轴表示第一个观测期间与最后一个观测期间之间的乘数关系。例如,对于日本来说,这个乘数是 2.0,对于中国来说是 55.3,对于德国来说是 1.4,依次类推。

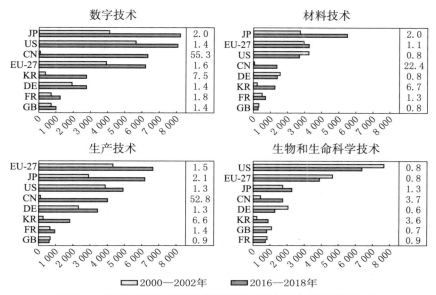

图 8.4 选定国家在关键技术领域的跨国合作专利申请平均值
（2000—2002 年，2016—2018 年）

资料来源：德国联邦政府研究和创新专家委员会 2022 年报告。

从图 8.4 可以看出，在数字技术领域，中国和韩国的乘数最大；其他国家的乘数则相对较小；其中最低的两个分别为 1.4、1.8，其余最大为 2.0。生产技术领域与数字技术领域的情况也类似，中国为52.8，韩国为 6.6。材料技术和生物与生命科学技术领域也是如此，虽然没有那么明显，但在一定程度上也存在不同的乘数差异。请注意，这些乘数差异意味着，如果计算两个国家的乘数之间的差异，可以表明两个国家之间技术发展的差距。例如，在数字技术领域，对比中国（55.3）和日本（2），发现差值是正数，这意味着，中国在数字技术方面将实现赶超，甚至有可能超过日本。我们将需要更多的数据来对这种差异进行更深入的理论解释。就这里的数据而言，韩国、中国以及其他国家具有巨大的优势，而欧洲和德国则处于相对劣势的位置,美国则介于两者之间。

第三步是关于未来的国际竞争力,这意味着在 2030—2040 年甚至更久的时间内。

当然,预测并不是确定的,但可以通过简单地观察这些国家在国际同行评议期刊上的科学出版物数值来进行分析。同样,我们观测了很长一段时间,第一个观测期间是 2000—2002 年,第二个观测期间是 2017—2019 年,两个观测期间都是三年的时间。针对关键技术领域进行观察,同样有乘数值,可以通过差值以了解技术差距的发展方向。如图 8.5,除了中国通常具有最高的乘数之外,还可以看到中国在最后一年中排名第一位,其次是欧盟,然后是美国和其他国家。因此,在竞争力的预测方面,如果将这个指标作为竞争力的预测指标,可以非常清楚地看到,大约在十五年后,国家的排名将如图 8.5 所示。

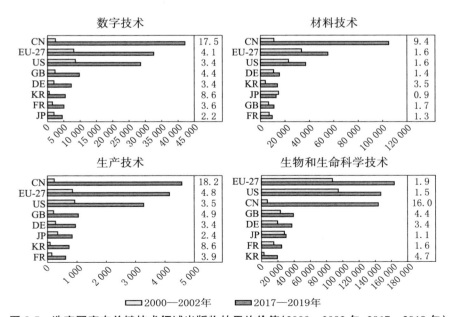

图 8.5　选定国家在关键技术领域出版物的平均价值(2000—2002 年,2017—2019 年)

图 8.6 展示的是一个技术差距模型,当有两个国家 A 国和 B 国时,可以在横坐标上绘制差距,在这个方向上,A 国比 B 国领先,它们在技术上都处于同一水平。

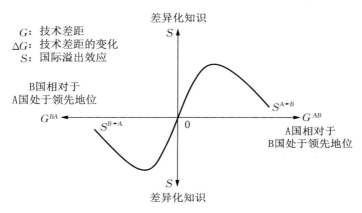

图 8.6　技术差距模型 1

资料来源:Verspagen,1992。

如果向 B 国的一侧移动,那么它就会领先于 A 国。也可以在纵坐标上绘制两国之间的知识增长率的差异。这个差异可能是正数,那么它将有助于 A 国的领先;也可能是负数,那么它将有助于 B 国的领先。此外,还有一个额外的元素,即所谓的溢出效应、学习或者来自竞争对手的国际学习。

这条钟形曲线意味着 B 国无法从 A 国学到任何东西。如果差距为零,那么它们的知识水平是相同的,A 国的领先优势越大,B 国能够学习的东西就越多。但是,如果距离变得太大,B 国的理解能力和吸收能力将会下降,溢出效应也会随之下降(图 8.7)。这样一个钟形溢出函数有助于 B 国,而知识增长率的差异则有助于 A 国实现领先。当 B 国处于领先地位时,情况也是相同的。

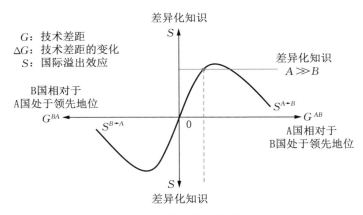

图 8.7 技术差距模型 2

资料来源:同图 8.6。

假设情况发生了根本性变化,A 国在知识增长率方面要比 B 国家好得多,可以发现两国之间的均衡差距(图 8.8)。

B 国若采取行动追赶以增加知识增长,线将向下移动,将得到一个新的差距,比之前的差距小(图 8.9)。但是 A 国仍然领先。如

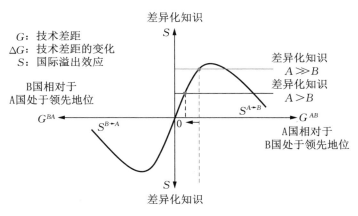

图 8.8 技术差距模型 3

资料来源:同图 8.6。

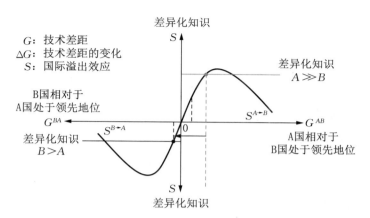

图 8.9 技术差距模型 4

资料来源:同图 8.6。

果 B 国采取了一种突破性技术创新,那么 B 国会实现快速赶超,A 国家就不那么容易跟随了。

正如我们看到的,当 B 国的知识增长率高于 A 国时,这种情况可能会从有利于 A 国的正差距跳转到有利于 B 国的差距,B 国家现在成为领先国家(图 8.10)。

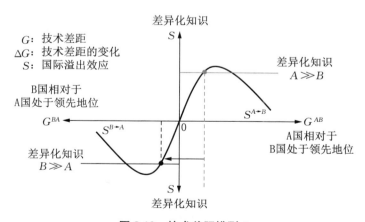

图 8.10 技术差距模型 5

资料来源:同图 8.6。

如果这一步比预想的更大一点，即使有一些差距，B国的领先优势也可能逐年增加。

如果差距真的非常大，可能会发生这种情况，知识增长的差异可能会导致B国越来越领先。当需要用实证来检验乘数的差值是什么时，这会带来正在追赶的情况吗？当处于图8.10中灰点代表的情形时，根本不可能实现。为了避免不断扩大的差距，并且能够达到一个可以建立可见差距的情况，人们必须采取什么措施？弗斯帕根（Verspagen）在1992年提出了这个模型，我根据突破式创新的情况对其进行了调整，如图8.11所示。

如今，这种担心无法赶上或跟随技术领导者的情况发生了，至少在欧洲和美国，这些突破式创新引发了一场被称为技术主权的讨论。它始于数字战略，但与此同时，它也扩展到非数字技术领域，因此，可以将其称为技术主权和新型产业政策，或者说是对旧产业政

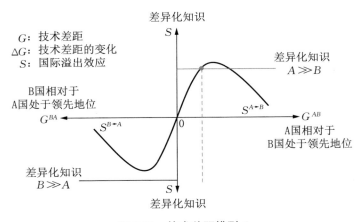

图8.11　技术差距模型6

资料来源：同图8.6。

策的新调整。

什么是技术主权？我们在报告中使用的定义是：如果一个经济体能够自己提供并进一步发展一项技术，该技术对其福利和竞争力有重大贡献，或者在系统相关性的意义上是关键的，并且能够参与其标准化，或者不依赖于其他经济领域或国家的情况下可以获得并应用这项技术，那么该经济体就是技术的主权者。简而言之，这可以归结为两个方面。第一个方面是对技术的掌握。因此，你需要拥有与特定技术有关的知识和技能，以便开发它或至少使用它。你也可以从别人那里购买它，然后自己使用。只要这一点得到满足，你就掌握了技术。从这个意义上说，你在技术上是具备主权的。第二个方面是可用性，指的是经济体可以在多大程度上拥有可供使用的技术。另外，也可以在国际市场上购买这种技术。这也是一种很好的方式，如此也就拥有了技术主权。

目前，有几个特征可能导致技术主权处于风险之中。这与之前展示的技术知识构建模型有关，因为它可能导致最初的小举措引发非常大的、不断扩大的技术差距。那么，落后国家将无法掌握这项技术，技术主权将消失。根据国际市场上的供应情况，可以说，随着差距的不断增大，竞争劣势也会增加，并导致贸易条件恶化。那么，落后国家将不得不支付高昂的价格才能获得技术。从这个意义上说，缩小差距和维护技术主权的另一条出路，就是在忘记自己的比较优势、静态优势的同时，重视自己的动态相对优势。这是韩国在20世纪80年代所做的事情，这使得韩国的经济成功地从农业经济转型为工业经济。

在此基础上,产业政策被讨论得越来越多。在德国过去几十年里,产业政策是没有可落地的目标的。但现在,越来越多的人开始对产业政策持开放态度,尽管是所谓的催化型产业政策。这意味着只在一段时间内,在某个领域的子技术中实施产业政策。技术扶持不应该意味着一个永久的补贴,应该用产业政策来实现技术发展。

相对于其他国家而言,中国的产业政策非常开放。美国的产业政策非常隐蔽,并不明显。欧盟现在越来越多地向产业政策方向发展。因此,产业政策似乎是关心技术主权的一种选择,而在技术主权方面面临越来越多挑战的国家,将越来越转向产业政策。但我认为,我们必须更多地考虑产业政策的类型。催化型产业政策是一种,但也可能有其他选择。这也是一个今后需要进一步讨论的话题。

9　创新与文明的相互演变

陈　劲(Jin Chen)[*]

内容提要　本文以"创新与文明的相互演变"为主题,探讨熊彼特增长范式的演变、创新与文明的关系、创新对文明的影响以及文明对创新的引导。对于熊彼特增长范式,人们普遍认为,熊彼特经济学中的创新是由企业家主导的。创新与文明的关系可以追溯到农业文明时代,彼时经济形态以自给自足的农业活动生产方式为主,这可以解释人类文明史上大部分时间的经济运行规律。后来人类进入工业社会,经济活动主要以机器的大规模生产为基础,逐渐演变成以工业(制造业)为基础的经济。自 20 世纪初以来,随着技术

---

　　* 陈劲,清华大学经济管理学院创新创业与战略系教授。1989 年获浙江大学化学工程系化学过程控制学士学位,1994 年获浙江大学管理学系管理工程博士学位,1998 年作为访问学者前往麻省理工学院斯隆管理学院学习,2000 年作为访问学者前往苏塞克斯大学科学政策研究中心学习。曾获得中国国务院颁发的政府特殊津贴、霍英东青年教师奖以及中国教育部颁发的第三届"高校青年教师奖",2002 年获得国家杰出青年科学基金,2009 年入选中国国家人才工程,2014 年被评为长江学者特聘教授。

资本的逐步沉淀，各种资源逐渐从有形商品生产转向无形服务生产。20世纪中期以后，计算机的诞生成为一个标志。信息产生价值，人类进入信息文明时代。就文明对创新的影响而言，每个国家的主要创新范式都是不同的，各国的文明程度和创新程度也不一样，因此需要具体分析。我们不仅要关注创新对农业文明、工业文明、信息文明的促进作用，更要关注不同文明对创新的影响。我们正在探索人类文明与创新之间的双向机制，从而加强相互学习，提升文明水平。

文明也是可持续发展的一个重要指标，是发展的重中之重。我将讨论熊彼特增长范式的演变、创新与文明的关系，然后根据创新与文明的关系，探讨如何对待熊彼特经济学研究。

首先，我们应该真诚地感谢约瑟夫·熊彼特教授，他为人类文明的进步和社会的可持续发展提供了强大推动力。他是一位伟大的学者，他的作品也是经济学和社会科学领域最好的经典著作之一，他的创新思想成为后来创新研究的理论基础。熊彼特认为，创新来源于我们已知的五种力量。我认为他的观点主要聚焦于技术创新，并且是正确的。根据研究，熊彼特增长范式来源于两种类型。第一类侧重于企业家行为，第二类侧重于大型公司的重要作用。基于这一理论背景，企业和制造商是创新的关键，企业家个人也是经济增长和发展的关键。因此，在我看来，熊彼特经济学是由企业家和制造商驱动的，侧重技术，专注于中小型企业和大公司，并着重于经济增长和就业。

克里斯托弗·弗里曼（Christopher Freeman）是著名的熊彼特式经济学家。作为科学政策研究中心（SPRU）的创始人和主任，他认为企业家行为应该由科学政策来引导。他的学生也认为，创新应以技术为导向。这意味着科学技术和技术政策应重视熊彼特经济学。

为了实现熊彼特式增长，尤其是制造业的增长，我们应该重视政府的作用。这就是从日本借鉴来的国家创新体系理念所倡导的路径。因此，国家创新体系是一个该如何平衡政府与市场关系的良好范例。我们应建立健全公私关系，并且使国家创新逐渐成为促进熊彼特式发展和新熊彼特式发展的重要机制，尤其要重视政府干预。由于加入科学技术因素，因此，我认为新熊彼特经济学也非常重要，而科学技术是更重要的。基于这个角度，我开始研究创新，而创新是由科学家和技术人员、发明者或创新部门推动的。近年来，我逐渐关注科技创新与国民经济增长相结合的问题。

伯克利大学的经济学家 J.布拉德福德·德隆（J. Bradford De-Long）发现，人类 97％的财富是在过去二百五十年（1750—2000 年）里创造的，这只用了人类有史以来 0.01％ 的时间，这也意味着此前只有 3％的财富是由人类创造出来的。科技发展水平从根本上改变了人类的发展。可见，创新无疑已成为当今世界经济社会发展的核心主题，并且只有创新才能不断激发新的经济增长点，才能极大地提升国家竞争力。文明程度是经济增长之外的一个非常重要的指标。我们将提高人类的文明和福祉，而人类的福祉取决于科技创新的质量和数量。

　　我研究了五千年前的农业文明和二百年前的工业文明，以及自20世纪50年代开始的信息文明，总结出在农业文明、工业文明和信息文明各个阶段，创新对于促进这些文明的发展非常重要。

　　在农业文明中，犁、联合收割机、轧棉机等在农业创新中发挥了重要作用。蒸汽机、电力、汽车等推动了工业文明。计算机、互联网、移动电话等推动了信息文明。我们通过收集来的300份问卷进行分析，可以看到这些创新都对创新程度和文明程度有贡献。

　　电力的发明是现代工业化的基础。印刷术不仅促进了文明的交流，还促进了教育和知识的普及。中国古代科学家是促进人类文明发展的重要发明者。计算机的发明提高了人类的竞争能力，让人类从无休止的脑力活动中解脱出来，提高了社会各领域信息收集、处理、传播的速度和计算能力，直接加快了人类步入信息社会的步伐。它是科学技术发展的一个里程碑。此外，半导体电子技术、造纸术、互联网、内燃机、蒸汽机、青霉素等，都是企业家、科学家和普通民众共同创造的最具影响力的十大创新成果，它们极大地推动了人类文明的发展。

　　此外，根据熊彼特创新范式、新熊彼特创新范式和后熊彼特创新范式，我们对50项最具影响力的创新进行了分类，以探讨不同创新范式指导下的创新对人类文明的影响。结果表明，后熊彼特经济学指导下的创新影响最大，这意味着普通公众和用户是未来全球创新的重要驱动力。新熊彼特经济学指导下的创新数量位居榜首，凸显了科学家和政府部门已成为人类进步的中坚力量。

　　基于这些研究，我们认为创新不仅有助于经济发展，也有助于文明水平提高。相比之下,什么样的文明可以促进创新呢?可划分为三个阶段:农业文明时期、工业文明时期和信息文明时期。

我们可以看到,在农业文明时期,中华文明,以及古埃及、古希腊和古罗马文明都扮演着非常重要的角色。在工业文明中,苏格兰文明,以及法国、英国、德国和美国文明都发挥了重要作用。在信息文明中,美国文明的影响力越来越大。中国目前已逐渐掌握信息文明的趋势,尽管在某些方面尚落后于其他国家。我和同事们致力于通过一系列研究为不同阶段文明的创新贡献力量。我认为这对人类文明非常重要,特别是古希腊对国家的重视和古罗马对实践分析的重视。在文艺复兴时期,意大利对人类文明作出了贡献。文艺复兴的核心是人文主义,提出了以人为本而不是以神为本的理念。

我认为文艺复兴促进了科学革命,这种文明进步有助于现代科学技术的发展。苏格兰文明带来了现代工业革命,众多苏格兰人创造出一系列伟大的发明,如蒸汽机、电视、电话、青霉素等。因此,苏格兰在科学技术方面发挥了非常重要的作用,并创造出现代资本主义、现代民主和现代文明。

法国文明和英国文明对人类社会也非常重要。英国继意大利之后成为科学中心,因为它的基础是著名学者的实验科学。这些都是英国对人类社会作出贡献的顶级发明。继英国文明之后,德国文明也对人类社会作出了贡献。德国人强调情感和自由意志,这是最重要的企业家精神。德国人追求的自由和浪漫主义也对人类社会、文明和创新作出了贡献。德国人的发明改变了世界,约翰·古腾堡发明了活字印刷术,德国发明家还发明了打字机、第一辆汽车以及柴油发动机。

在德国之后，美国在计算机、太空、能源、通信和基本粒子以及分子生物学等领域给世界创新和文明树立了典范。美国主导了世界创新。我相信大家都知道许多来自美国的著名发明家的故事。美国更重视市场经济和高等教育，这些因素促进了美国文明，也促进了世界的发明和创新。因此，我认为美国带来了创新和文明的典范。哈罗德·埃文斯（Harold Evans）所著的《美国创新史》（*History of American Innovation*），让我注意到，美国的大多数创新是由创客和用户（makers and users）创造的，而不是制造商。这让我们想到传统的熊彼特经济学。

美国现象应该遵循传统的熊彼特经济学，它是由创客和用户的创新驱动的。所以，这是一个非常重要的现象，表明我们应该知道创新范式和经济学范式应该改变。在中国早期，有很多创新不是由科学家或企业家推动的，而是由古代劳动人民推动的。而且，中国的很多创新是由工人而不是工厂发现的。例如，中医药特别是有用的草药，就是由民间发明家发明的。

很多社会创新都是工人创造的，而不是由专业的科学家和企业家发明的，发明者们只是普通人。所以这就是大脑的思考，我们应该（以此）产生创新，而不是依赖制造商。我认为熊彼特经济学强调了企业家和经济增长。这是一个很好的范例。我们应该思考如何发挥科学家的作用，使世界更加以科学为中心。

但观察表明，现在是时候关注普通人、工人和用户了。他们不是专业的科学家，不是富有的企业家，而是普通人。我认为熊彼特经济学应该关注普通人。如果国家为公众提供一个自由的环境,普通人就会有更多的创新,这不仅能为经济发展作出贡献,而且也能为政府收入作出贡献。

它的传播也将有助于人类对自我价值实现和幸福感的关注,也符合可持续发展的目标。在普通人进行创新之前,要让他们有更强的幸福感,让社会成为一个共同体。因为如果使用新熊彼特经济学,就会过于强调科学、技术和工业化,这可能是我们工作与生活分离的梦想。

后熊彼特经济学关注用户驱动创新、开放式创新、创新生态系统、全面创新、公众创新、公共创新、整体创新和有意义的创新。

10　促进新创企业和技术发展：
　如何双管齐下

清水弘（Hiroshi Shimizu）

　　内容提要　如何促进创业和技术发展？对于创业而言，技术发展的进步至关重要，因为这是新商机的源泉。然而，促进创业的制度建设可能会减缓技术发展进程。自 1982 年美国为促进创业而引入小企业创新研究（SBIR）项目以来，美国的许多创新都是由初创企业产生的，而基础研发水平却受到抑制。政府通过投资新颖和多功能的技术，为初创企业摘取未来果实发挥了重要作用。尤其是国防，它是美

　　*　清水弘，早稻田大学商学院教授。2007 年获伦敦政治经济学院博士学位，2007—2008 年在埃因霍温工业大学从事博士后工作，2008 年加入一桥大学创新研究所，2019 年转入早稻田大学。研究兴趣包括员工创业、通用技术、创新模式、技术轨迹和竞争战略。曾在《研究政策》（*Research Policy*）、《研发管理》（*R&D Management*）、《商业史评论》（*Business History Review*），以及《进化经济学杂志》（*Journal of Evolutionary Economics*）等期刊上发表文章。著作《通用技术、分拆与创新：激光二极管在美国和日本的技术发展》（*General Purpose Technology，Spin-out，and Innovation：Technological Development of Laser Diodes in the United States and Japan*，2019）获得 2020 年熊彼特奖。

国初创企业研发的基础。最后,当创新成本被分为私人成本和社会成本两类时,日本和美国承担创新成本的方式截然不同。在日本,创新成本主要由企业承担,而在美国,创新成本主要由政府和公众承担。

从图 10.1 可以看到,靠上的一条线是纽约证券交易所的上市公司(不包括银行和证券公司等金融机构)的资产收益率(ROA)。靠下的一条线则是东京证券交易所一部市场的上市企业(金融机构不包括在内)的 ROA。因此,它们图 10.1 基本上展示的是美国和日本的大公司的情况,数据均来自 1960—2000 年。由于没有任何控制变量,因此,这张图只是一个非常粗略的草图,但我们相信它是一个很好的研究点。美国公司的平均盈利能力总是高于日本公司。同时,日本公司的 ROA 在企业成立年限为 13 或 14 年时达到顶峰,之后便开始下降,企业成立年限对日本公司的盈利能力产生了非常负面的影响。然而,美国公司似乎并没有受到企业成立年限的太大影响。

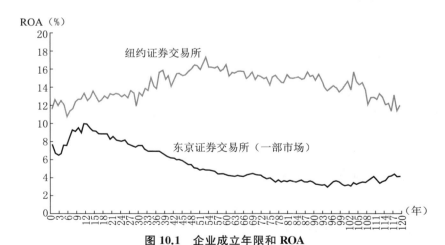

图 10.1　企业成立年限和 ROA

资料来源：Yamaguchi, S. et al., 2018。

产生这种情况的原因可能有很多。其一是治理方面的差异。过去，银行是日本公司的主要股东。银行作为稳定股东发挥着重要作用。这种稳定股东的存在意味着日本公司受到来自股东的压力较小。而在美国，这种稳定股东并不存在。因此，美国公司必须保持高盈利能力。

另一个可能的因素是就业保护程度。在日本需要由法院裁决，日本企业很难裁员。因此，日本企业很难从回报预期低的业务向回报预期高的业务调动资源。具体来说，日本企业在发展新业务的同时也维持一些无利可图的业务，而潜在的失业职员也一直面临长期失业。而美国企业则可以灵活地关闭不盈利的业务，调动资源发展预期回报率更高的新业务。

除此之外，还有另一种可能的解释，即初创企业。美国出现了许多初创企业。初创企业不仅发展自己的新业务，而且还是现有企业的新业务来源。在2020年之前，日本几乎不存在这种充满活力的初创企业。

我们在加利福尼亚州的硅谷看到许多分拆公司。如1957年成立的飞兆半导体公司（Fairchild）、1968年成立的英特尔公司等。分拆上市一直被认为是创新的重要组成部分，这是因为分拆上市的初创企业可以抓住母公司所面临的机遇。分拆出来的初创企业可以利用母公司创造的知识来瞄准尚未开发的市场。然而，分拆出来的企业真的能促进创新吗？这就是我在《通用技术、分拆与创新：激光二极管在美国和日本的技术发展》一书中所讨论的问题。在这本书中，我通过研究激光二极管技术这一通用性很强的技术，探讨了分拆如何影响通用技术的技术发展。

在书中，我展示了一个逻辑，即在美国，完全累积性的技术发展是如何迟滞的。接下来，我将解释其基本逻辑。假设技术发展呈 S 形曲线。当你在一家现有企业进行研发时，可能会发现一个不错的新商机。那什么时候是你离开公司，开始追求你发现的商机的最佳时机呢？这一值得你离开公司去创办或加入一家初创公司，以利用你在以前研发中积累的知识的最佳时机，就是图 10.2 中的时刻 t，也就是当前技术成熟的时机。如果你在技术尚未成熟时，就为了次级市场（sub-market）而将公司分拆上市，那你就需要额外投资来开发基础技术。但是，如果许多科学家都在争夺同一个次级市场，那么分拆的最佳时机就会变成时刻（$t-1$）。假设路易吉·马伦戈（Luigi Marengo）教授和我一起在研发实验室工作，我们分享了很多技术知识。比如有一天，我邀请马伦戈教授一起吃午饭。但马伦戈教授却说他有其他约会，他要去见风险投资人。我注意到他将离开公司，创办一家新公司。如果你是我，你会怎么做？你们中的一些人可能

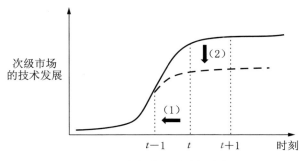

图 10.2 次级市场的分拆竞争

资料来源：Shimizu，H.，2019。

会利用自己的知识开始准备创办或加入一家初创公司,因为有前途的细分市场是有限的。因此,我认为我会在马伦戈教授创办或加入初创公司之前离开。这是对细分市场的竞争。因此,当前研发投入的努力就会减少,技术发展最终会从实线下降到虚线。这就是我在该书中阐述的逻辑。

如果促进创业会降低基础技术发展水平,那么就必须有人积极投资于基础技术发展。换句话说,必须有人培育新创企业创始人可以摘取的低垂果实。在考虑新创企业与技术发展之间的这种权衡之后,现在考虑一下创新的成本负担。把创新成本分为两类(图10.3),其中之一是私人成本。私人成本是指企业为自身业务所做的商业化投资,研发投资和资本投资是典型的私人成本。

另一个是社会成本。企业的研发需要基础技术,也需要优秀的人力资源。企业还需要用于商业的基础设施。支持企业的配套机构不存在的情况并不少见,尤其是在高度新颖的企业初次创立时。社会成本是创建这些企业的成本,通常由政府支付。此外,在创新

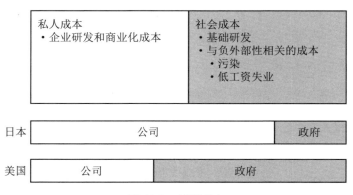

图10.3　创新成本

过程中，可能会出现意想不到的负面外部效应。污染和气候变化就是最好的例子。创新还可能导致技能被取代者的工资降低，也会导致他们失业。为减轻污染和气候变化以及为失业者提供社会保障而建立机构的成本，也是一种社会成本。

对于由谁来承担这种创新成本，不同的国家有不同的做法。在日本，部分社会成本由企业承担。正如前面提到的，日本企业不容易灵活地经营无利可图的业务，因为很难裁员，也就是说企业内部会有潜在的失业人员。这就导致企业的盈利能力随着企业成立年限的增长而下降。然而，由于企业保护了就业，日本的失业率一直很低。因此，日本一直是一个就业环境非常稳定的国家。当然，强有力的就业保护显然会对创新产生负面影响。此外，如果就业保护力度过大，那么在经济衰退时失业率就不会大幅下降，但是这样一来，即使在经济繁荣时，企业在增加就业岗位方面仍然会趋于保守。然而，社会并非只为创新而生，稳定的生活对人们来说同样是最重要的方面之一。因此在这方面，企业承担一些社会成本并非不可取。

在美国，企业可以灵活裁员。因此，企业无需承担那些因创新而导致技能被取代以及工资降低或失业的员工的成本。这种社会成本实际上是由公众承担的。此外，政府积极支持企业研发的事实表明，在美国，一些私人成本也由政府承担。一个典型的例子是SBIR项目，即向初创企业提供研发资助。当然，美国以外的其他国家政府也有类似SBIR项目的项目。不过，美国在金额规模上更为突出。

因此，政府的支持在美国国家创新体系中变得越来越重要，值得强调的是，国防投资在支持基础研发方面发挥着举足轻重的作用。在创新创造过程中，初始投资在很大程度上依赖于国家。遗憾的是，不仅是美国，许多其他国家的国防预算也在不断增加。国防资助的研发将会开发出高度多功能的技术。具体而言，我们可以期待更多来自美国的创新，因为美国拥有世界上最大的国防预算。当然，我们也可以期待来自中国的创新，因为目前中国的国防预算位居世界第二位。

正如 Mazzucato(2015)所指出的，二战后的大多数激进式创新在其早期研发阶段都得到了政府的支持，尤其是国防支持。将国防研发成果用于私营部门是一条重要的创新途径。换句话说，国防支持基础研究的累积性技术发展，而基础研究在早期往往停留在低水平，这就需要促进创业。日本政府目前正在讨论增加国防预算，但即使日本政府增加预算，也意味着日本政府通常会从美国采购新的战略防御系统。这意味着日本政府为美国的国家创新体系提供资金。

总而言之，现在的创新在很大程度上依赖于国防技术。尽管创业与基础技术开发之间存在取舍，但正是因为国防研发支撑着基础技术开发，知识密集型初创企业才能在国家创新体系中发挥核心作用。最后，我想问的是，不断增长的国防支出真的对我们的可持续发展有益吗？当我们谈论可持续发展，通常会讨论绿色环境、收入不平等或气候变化。但不断增长的国防支出是否会带来可持续发展，对此我深表怀疑。

参考文献

[1] Mazzucato，M.，2015，*The Entrepreneurial State：Debunking Public Vs. Private Sector Myths*，New York：Public Affairs.

[2] Shimizu，H.，2019，*General Purpose Technology，Spin-out，and Innovation：Technological Development of Laser Diodes in the United States and Japan*，Singapore：Springer.

[3] Yamaguchi，S.，et al.，2018，"Staying Young at Heart or Wisdom of Age：Longitudinal Analysis of Age and Performance in US and Japanese Firms"，*IIR Working Paper*，WP♯18—41.

11　创业与中国奇迹的发现

寇宗来(Zonglai Kou)[*]

内容提要　改革开放以来,中国经济保持了四十多年的高速增长,创造了举世瞩目的"中国奇迹"。按照熊彼特的经济发展理论,我们将从创新和创业的角度探讨中国奇迹的"发现"机制。根据比较优势理论,中国一旦从封闭经济融入国际分工体系,就应该专攻劳动密集型产业,充分发挥其相应的比较优势。但在实践中,这种比较优势需要由微观主体通过不断的试错过程来发现。但正如丹尼·罗德里克(Dani Rodrik)所指出的,自由市场并不能为此提供足够的激励,因为竞争对手的快速模仿会导致创新者无法收回其试错

---

　　*　寇宗来,复旦大学经济学教授、经济学院副院长。主要研究领域包括产业组织、创新与知识产权、数字经济和公司金融。曾在《产业经济学报》(*Journal of Industrial Economics*)、《人口经济学报》(*Journal of Population Economics*)、《经济探索》(*Economic Inquiry*)、《经济学通信》(*Economics Letters*)和《经济研究》等期刊上发表论文数十篇。主持多项由国家自然科学基金和国家社会科学基金资助的研究项目。

成本。改革开放以来,中国逐步形成中国特色社会主义市场经济体制。这是一种政治上高度集中、经济上高度分权的"斯芬克斯"(Sphinx)体制,它为探索和利用中国在国际分工体系中的比较优势提供了强大动力。简而言之,这种体制产生了两种类型的企业家,即"经济企业家"和"政治企业家"。"经济企业家"相当于通常所说的创业者,他们的目标是实现个人利益最大化,其约束条件是原则上只能使用他们的私人资源。相比之下,"政治企业家"更具有中国特色:一方面,他们的目标更为复杂,既包括个人经济利益,也包括政治抱负等非经济因素;另一方面,他们能够使用公共资源,如税收优惠、研发补贴、土地指标、基础设施规划等。可以说,在中国特色社会主义市场经济体制下,中国经济之所以能够实现长期、可持续的高速增长,正是这两类企业家良性互动的结果。从这个角度出发,我们也可以理解经济特区、基础设施和外商直接投资(FDI)是如何在中国经济发展中发挥关键作用的。

2003 年,一个几年前失去政治权力的东欧政党代表团来访复旦大学。他们对我所在的中国经济研究中心(CCES)非常感兴趣,该中心的中文名称直译是"中国社会主义市场经济研究中心"。他们之所以感兴趣,是因为他们对"社会主义"和"市场经济"能否或如何有机结合持高度怀疑态度:经典马克思主义理论认为,政治上层建筑从根本上由其经济基础决定,并应与之相适应。

首先,苏联和东欧国家有高度集中的经济基础即计划经济,以及高度集中的政治上层建筑。美国、英国、德国、意大利、法国等则有高度分散的经济基础即市场经济,以及高度竞争或可竞争的政治上层建筑。虽然上述两类国家有很大不同,但就经济基础和上层建筑必须相互适应而言,它们都符合经典马克思主义的理论叙述。然而,相比之下,中国特色社会主义市场经济体制似乎是一个看似不相容的"斯芬克斯"体制:经济基础是高度分权的市场经济,但上层建筑却是高度集中的共产党领导。在苏联解体的历史背景下,弗朗西斯·福山(Francis Fukuyama)出版了著名的《历史的终结与最后的人》一书,他认为欧美体制将是各国政治和经济体制相互竞争且不断演变的最终归宿。当然,后来的历史发展并不完全如福山所料。

让我们来谈谈"中国奇迹"的含义。什么是"奇迹"?"奇迹"意味着"超出预期"。中国的"斯芬克斯"体制被认为是不寻常的、功能失调的,而且在前社会主义经济体和先进资本主义经济体的参照系中应该是无效的。但事实证明,它不仅运行良好,而且它所取得的经济增长业绩几乎超过了同期的其他所有经济体。事实上,自1978年改革开放以来,中国已连续四十多年实现经济高速增长,在2011年超过日本成为世界第二大经济体,并在进出口和外汇储备等许多关键经济指标方面位居世界第一位。这种表现超越了主流新古典主义经济学的解释,特别是"华盛顿共识""中国崩溃论"(预测中国每年都会崩溃)和"中国威胁论"(认为中国将成为世界的威胁而不是机遇)。相比之下,中国的发展超出人们的预期:中国没有崩溃,而是欣欣向荣;中国没有采用"华盛顿共识"给出的菜单,而是实现了经济的快速发展和社会的长期稳定;中国经济的快速发展不仅使中国人民受益,也成为其他经济体增长的引擎,同时为全球减贫作出最重要的贡献。

中国为何能取得上述超出预期的成果?本文将对其进行熊彼特式的扩展解释。

根据熊彼特的说法,经济发展的根本动力是创新和创业。事实证明,中国的"斯芬克斯"体制在经济上和政治上都非常有利于企业家的出现和发挥。顾名思义,创新意味着打破常规做法,以获得超常的回报,而这不可避免地伴随着巨大的风险和不确定性。在实践中,创新是一个不断试错的探索过程,而在一个自由市场体系中,这个探索过程一直处于模仿威胁的阴影之下。如果试错失败,成本就由个体创新者承担,但如果试错成功,竞争者就会蜂拥而至,从而迅速消散创新带来的好处,因为许多创新无法通过知识产权保护来维持排他性或可占有性。

在我看来,中国特色社会主义市场经济体系下,出现了两类企业家,他们具有互不相同但高度互补的特点和功能。首先,和其他市场经济体系一样,高度分散的市场经济鼓励了大量的"经济企业家",他们就是我们通常理解的企业家。在目标方面,他们主要关注自己的经济利益,而在约束方面,他们原则上只能使用自己的私人资源。他们的作用是打破经济常规,寻求超额利润。其次,作为"委托人"的中国中央政府对作为"代理人"的地方政府(官员)有强大的控制力。具体来说,中央政府为地方政府(官员)提供了一个以 GDP 锦标赛为特征的激励合同:在其他条件不变的情况下,谁在其管辖范围内相对经济表现更好,谁就更有可能获得政治上的晋升。在这种激励合同下,地方政府官员成为我所说的"政治企业家"。与"经济企业家"相比,他们的目标更加复杂和长远,既包括个人的经济利益,也包括政治抱负或仕途考量。根据中国的文化传统,如果他们在政治上得到晋升,就会赢得荣耀,这一点非常重要。在制约因素方面,他们可以获得公共资源,如税收、补贴和土地使用权等,这与只能使用私人资源的经济企业家截然不同。简而言之,他们的作用是打破政治常规,寻求超额回报。按照我的理解,"中国奇迹"正是在社会主义市场经济下产生的,是"政治企业家"和"经济企业家"这两类群体良性互动的结果。接下来,将通过三个重要例子来说明以上基本理论的实际应用。

第一个是经济特区。在中国改革开放之初,深圳、珠海、汕头和厦门被选为经济特区,它们在投资等方面享有各种优惠政策。邓小平作为中国最高级别的"政治企业家",以巨大的政治勇气排除了政治压力,为经济特区的建立发挥了至关重要的作用。当然,还有数量更多、级别更低的"政治企业家"来实施这一经济特区政策,他们也是极其重要的。由于享受了许多有利的政策,经济特区吸引了大量来自国外和中国其他省份的人,这些人成为"经济企业家"。他们具有打破商业常规的勇气、洞察力和远见,愿意承担市场和制度风险。他们中的一些人放弃了原来的"铁饭碗",即旧体制下的安稳工作或职位,这种"选择效应"意味着他们有强烈的风险承担意识或企业家精神。有改革意识和政治勇气的特区政府官员——我们称之为"政治企业家"——大力支持"经济企业家",因为只有这样,他们才能在以经济建设为中心的框架下,完成中央政府赋予经济特区的政治任务。这就要求他们比其他省份的同行取得更好的经济业绩，以便更有可能在政治上得到晋升。特别值得强调的是，深圳现在是中国最有经济活力和创新力的特大城市。

接下来，我为什么要强调"发现"这个关键词呢？这不是一个新古典主义的术语，而是带有浓厚的奥地利学派或演化经济学色彩的词。"发现"这个词背后的核心假设是，人类的认知能力不仅是有限的，而且是有差异的。根据基于要素禀赋的比较优势理论，中国企业在参与和融入国际分工与国际贸易时，应该专攻劳动密集型产业，因为它们在这方面最具有比较优势。作为一般理论，这是显而易见而又正确的。但在实践中，个人企业需要尝试一些具体的产品来检验其盈利能力。正如丹尼·罗德里克所认为的，由于信息外部性，自由市场可能无法为试错过程提供足够的激励。快速模仿和租金耗费意味着即使试错成功，最终也可能无法收回试错的成本。经济特区在一定程度上解决了这个问题。作为经济特区，它们享有其他地区所没有的激励措施，这就阻止了其他地区竞争者的快速模仿，从而为特区内的企业和个人提供了足够强大的创新动力；或者有利于它们"发现"可以通过试错在国际市场上取胜的产品。然而，从长远来看，经济特区仍然是具有信息功能的"世界之窗"：由于区域特定的偏好不会扭曲区域内生产要素的相对价格或边际产品比率，这意味着其他区域最终可以或多或少地从这些成功经验中学习。这与产业政策——特定行业的优惠政策——截然不同，后者扭曲了行业间的要素价格和产品价格，因而面临如何逐步取消政策的难题。

　　第二个例子是基础设施。从跨国比较的角度来看,中国的一个显著特点是拥有超越其经济发展阶段的良好基础设施,如先进的高速公路、高速铁路、机场、港口等。为什么会出现这种情况呢？这是因为中国的 GDP 锦标赛意味着激烈的区域间竞争。为了提高其相对的 GDP 表现,地方政府采取了强有力的激励措施,通过改善其基础设施来吸引投资(尤其是 FDI)。由此产生的一个独特现象是,地方官员成为治理城市的"政治企业家"。治理城市的诀窍和关键是土地。与大多数国家不同,中国的城市政府是城市土地的实际拥有者,因此有强烈的动机通过土地的合理化使用来使土地的租金收入最大化。城市治理在很大程度上是一个平台或者双边市场的故事。作为一个高度抽象的概念,我们假设土地有两种用途,即基础设施和住宅。一方面,在土地总量有限的情况下,一个城市的政府如果将更多的土地用于改善基础设施,将有助于吸引更多的工业投资,进而雇更多的工人,由此又会产生更多的住房需求。另一方面,一旦更多的土地被用于基础设施建设,就难免会使住宅用地的供应减少,从而使住房供应减少。结合这两个因素,增加基础设施建设用地会提高住宅单价以及拍卖土地的单价。最终,一个城市政府的土地收入等于住宅用地面积和住宅用地单价的乘积,所以这个城市的政府需要平衡这两个因素,实现其土地收入的最大化,因为土地收入的多少又将成为其未来 GDP 发展的关键因素。

　　第三个例子是理解中国经济发展中的"金融之谜"和"FDI 功能之谜"。金融被认为是现代经济的命脉,人们普遍认为中国的金融体系效率低下,将绝大部分金融资源分配给效率更低的国有企业,但问题是,一个低效的金融体系如何能支撑改革开放以来令人瞩目的经济表现?另一个本质上相关的问题是,FDI 在中国的经济增长中究竟发挥了什么作用。长期以来,吸引 FDI 一直是地方政府高度重视的"一号工程"(由地方最高领导人直接负责),FDI 也享受了各种优惠政策。然而,从统计数据来看,FDI 只占中国资本组成的一小部分,而且"市场换技术"的假说在中国受到广泛质疑。那么,FDI 在中国的经济发展中扮演着怎样的角色和发挥了怎样的功能呢?

造成上述"金融之谜"和"FDI 功能之谜"的根本原因在于,主流的新古典经济学采用了完全理性的基本假设,因此与熊彼特在其《经济发展理论》中强调的创新或"新组合"不相容。然而,从有限理性出发可以很好地解释这一点。有限理性意味着对偶然状态的描述是不完整的,企业家的关键作用是打破常规,"发现"暗含超额利润的"新组合"。如前所述,在自由市场体系中,试错的成本主要由创新者个人承担,但通过成功试错"发现"的超额利润却很快会被竞争对手模仿,这就破坏了市场的创新激励机制和"发现"功能。中国特色社会主义市场经济体制为促进市场的创新激励机制和"发现"功能提供了独特的解决方案:中央和地方政府之间的财政分权以及地区之间 GDP 锦标赛的竞争,共同培育了大量为吸引投资而改善当地商业环境和基础设施的"政治企业家"或"有为政府",并催生出各种因地制宜的激励措施,从而大大减轻了市场试错和创新的信息外部性。从认知的角度来看,在改革开放之初,FDI,特别是跨国公司,由于其有更丰富的全球实践经验,比中国本土企业更容易"发现"中国的比较优势,而各种优惠政策则是对这种"发现功能"的合理补偿。相比之下,中国的国有商业银行本身可能缺乏选择产业或贷款对象的专业知识,但也许是因为他们认识到自己的专业知识不足,所以采取了跟随 FDI 进行产业链的互补性投资的便捷方式,最终实现了相当高的资源配置效率。如此,既解释了中国经济发展的"金融之谜",也解释了"FDI 功能之谜"。一个有趣的现象是,随着中国企业逐渐走向世界,它们在"发现功能"方面的劣势逐渐削弱,相应地,中国政府对 FDI 或跨国公司的优惠政策也逐渐减少甚至取消。

最后,我将作出一个总结性评论。创新和创业是经济发展的关键引擎,因此,任何国家要实现经济发展,其政治和经济体制必须为创新和企业家提供足够的激励,让他们通过试错过程发现和利用其比较优势。然而,创新是一个创造性破坏的过程,不仅会产生成功者,也会产生失败者,因此并不一定能引发帕累托改进。国家间的对比和历史上的比较显示,许多国家之所以无法实现可持续的经济增长,是因为它们没有能力或未能通过合理补偿失败者来维持社会稳定。从这个角度来看,中国成功的关键可以用一些充满辩证法的著名口号来概括:一方面,"发展才是硬道理",因此,市场应该在资源配置中起决定性作用,这将极大地鼓励创新和创业的出现;另一方面,"稳定压倒一切",因此,应该更好地发挥政府作用。总而言之,"两手都要抓,两手都要硬"。其中的辩证关系是,没有社会稳定,就不可能有可持续的经济增长;同样,没有经济增长,最终也没有社会稳定,因为所有的社会问题都只能在经济增长中得以解决。需要强调的是,中国是一个幅员辽阔的国家,地区之间存在巨大的异质性,而且这种异质性随着长期不均衡的经济增长而变得越来越大。这意味着以 GDP 锦标赛为特征的相对绩效评估或区域竞争已经越来越不具备有效性和合理性。因此，中国未来的一个关键挑战是如何在新的国内和国际环境中恢复并重塑地方政府官员的激励机制，使他们能够再次成为维护市场经济发展的有力帮手。最后要提醒的是，简单复制中国的经验是不可行的。其他发展中国家应该实事求是，考虑自己国家的能力、资源禀赋、文化传统和制度背景，以"发现"自己的发展战略。

12　个性化学习与工作成功的关系

米里亚娜·拉多维奇-马尔科维奇

（Mirjana Radović-Marković）[*]

内容提要　为应对数字经济的新需求,有必要开发一种新的教育形式。基于能力的教育或个性化学习被认为是高等社会科学教育的一个新兴发展领域。本文的目的是确定新技术和对员工的新要求如何引致对工作和教育形式的重新定义。本文将讨论基于能力的教育的定义,并将其与传统教育进行比较。此外,本文将基于能力的教育与工作场所的成功联系起来。基于能力的教育对学生、

　　*　米里亚娜·拉多维奇-马尔科维奇,欧洲经济、商业和管理科学学院院士。她曾任黑山顿加戈里察大学特聘教授,俄罗斯南乌拉尔国立大学教授兼首席研究员,塞尔维亚诺维萨德大学商学院教授,贝尔格莱德商业经济与创业学院创业学教授,贝尔格莱德商业经济与创业学院就业、教育与创业年度国际会议创始人兼主席,贝尔格莱德经济科学研究所宏观经济研究中心主任。她被选为塞尔维亚国家科学委员会委员、巴黎经合组织的顾问和专家。她是《国际评论》(*International Review*,*IR*)和《经济分析》(*Economic Analysis*,*EA*)的主编,《妇女创业与教育》(*Women's Entrepreneurship and Education*,*JWE*)的创始人和主编。她在创业和性别研究方面作出了重大贡献,在创业、女性创业和新教育模式方面成为公认的权威。

学习机构和雇主都是有益的。

熊彼特的创造性破坏理论是解释数字经济增长的基础。与此观点相一致的是，创业和新知识是数字经济的主要驱动力。首先，熊彼特哲学中的破坏性因素在短期和中期都是不容忽视的。在引入新的工作形式和劳动力从旧经济转移到数字经济之间存在滞后，这在劳动力没有或缺乏正规教育和技能的情况下尤其明显，这些教育和技能可以使他们轻松地转移到新的经济或新的数字经济中。在这种背景下，有必要有一种新的教育形式来应对数字经济的需求。这种新的教育形式是什么？它在社会科学中是特殊的吗？是的，我们可以说这是高等社会科学教育领域一个正在生长和发展的领域。它在新冠疫情期间变得特别流行，并在之后继续引起学者们的兴趣。它被称为 CBE，是基于能力的教育或个性化学习的英文缩写。

我们可以将这种基于能力的教育定义为与劳动力或工作场所任务直接相关的能力目标。学生可以在获得学位的同时获得新的商业技能。此外，这对教育机构、学生和雇主都是非常有利的。

什么是学生能力？也就是说，当我们谈论这种教育时，我们必须定义能力。这不仅包括将他们将技能应用到实际工作中的能力，还包括理解教育中的关键概念和数字内容，以及最终掌握各类技能的能力。但对于教育机构来说，我们可以预期他们已经根据学生的属性和态度创建了学生档案，内容包括比如质量、性格、全球公民、沟通者、合作者、批判性思考者和创造性思考者。

为了更好地理解基于能力的教育的意义，有必要将其与传统的教育形式区分开来。最大的区别在于它们的结构。也就是说，基于能力的教育是一种个性化学习，因为学生的学习是在偶然的训练过程中一步步被引导的，他们可以立即从导师那里得到反馈。这种新的教育体系不像传统教育那样严格，因为在这种新的教育形式中，时间并不重要，重要的是结果。至于这种教育的本质，其目的是培养学生尚未掌握的技能。此外，还可以增加一种测量方法来测量学生在培训过程或培训计划中的经验、知识和技能。它可以使用不同的测试来测量，例如，测试认知能力，测试沟通能力，等等。

在我的调查中，我注意到教师和雇主都对广泛的技能感兴趣。他们期望学生和未来的员工能够参与广泛的活动，甚至适应不断变化的商业环境。因此，鼓励新课程是他们现在非常重视的任务。此外，他们也提到现代组织是非常重要的。我们的组织几乎专注于与员工工作成功相关的核心竞争力技能。首先，这些技能包括灵活性、应变能力、创造性思维、批判性思维、解决问题的能力以及持续学习的能力。但要考虑到持续学习，它的重点是数字进程或数字经济中需要的软技能。我们的一些同事认为，软技能是数字经济中的货币。

软技能指的是一个人可以与其他人一起工作的网络，以及人们可以成长的网络。有许多研究都证实了这一点。例如，哈佛大学的研究报告指出，软技能对成功的贡献率高达85％，而技术技能的贡献率仅为50％。麻省理工学院也以类似的方式证实了这一结果，这表明我们可以预计,由于软技能的引入,未来的生产率将会提高。例如,两项软技能——批判性思维和解决问题的能力——是不久的将来将被培养的十大技能之一。此外,根据2020年世界经济论坛的研究,需要的新技能是适应力、灵活性、抗压能力以及主动学习,尤其是主动学习。他们预计,到2025年,所有工作和所有员工都将学习新的技能,其中大约40％的人将需要在不到4个月或6个月的时间里掌握计算机技能。由于技能水平和工作效率的提高,这些新技能在行业领先的企业和公司以及世界各地的教育机构、学院、大学中越来越受欢迎。

根据最新的调查结果,在新冠疫情之后,大约50％—60％的员工需要新技能,而在新冠疫情之前,这一比例为6％。这是一个非常重要的数据,因为再培训是近期的首要任务。如果把第四次工业革命与劳动力市场的一些变化,特别是竞争更激烈的劳动力市场的变化结合起来,我们会发现只有最优秀的人才能被雇用。

根据有关2030年之前教育发展的国际建议和战略文件,我们认为该计划促进了数字技能在高等教育中的发展。另外,就业工作和劳动力市场具有竞争性、动态性、风险性、复杂性和跨学科等特点。因此,高等教育有必要允许个人组织自己去取得成功的相关技能、知识、道德和属性以适应新的环境。

如果你想了解我们如何将熊彼特哲学应用到当今世界,以及它是多么有效,你将发现它非常受欢迎,尤其是创造性破坏。为什么呢？因为创造性破坏的创业公司通过创业促进了自我雇用。在此背景下,我们需要创新教育和数字创业的新技能。在这里,我们可以找到熊彼特哲学与引入一种新的教育形式的需求之间的最佳联系,这种教育形式将符合新型工作和工作场所的要求。

我们生活在一个充满危险事件的时代,它提出了新的问题:工作场所的弹性和弹性技能。这个问题是开放的,我希望能从不同角度讨论这个问题,并希望它能成为更多人关注的焦点。

13　迈向数字化的可持续社会

斯特法洛·比安奇尼(Stefano Bianchini)[*]

内容提要　本文的主题是建设先进数字化和可持续发展社会的机遇和挑战。成功不再是经济学概念中的成功,同时也指社会发展的可持续性。这意味着环境、经济和社会这三个支柱需要平衡衔接,且得到良好治理。许多行动,如《2030 年可持续发展议程》已经制定,但缺乏强有力的理论基础,同时,可持续性的内涵尚未达成共识。世界正处于一场新技术层出不穷的技术革命之中,其中,人工

＊　斯特法洛·比安奇尼,斯特拉斯堡大学经济与管理学院副教授,经济学理论与应用局(Bureau d'Economie Théorique et Appliquée, BETA)副研究员,拥有意大利圣安娜高等学校和斯特拉斯堡大学经济学博士学位。他的主要研究领域是技术变迁、创新和科学经济学。他主持了多个研究项目,包括"数字化转型的社会经济影响"(DInnAMICS)、"人工智能和自动化技术在科学领域的传播和影响"(ARISE),以及"数字化转型和可持续发展之间的关系"(SEED)。他担任过欧盟委员会(DG JRC 建模、指标和影响评估)和 OECD 经济部结构政策分析司的专家顾问。他是经济和商业数据科学方向硕士课程(DS2E)及其专门教席的创始人和协调人。该教席为科学家、私人企业家、政治家、智囊团和公众之间定期开展对话提供了一个富有成效的平台。他还经常在各种图书馆、博物馆和小学为青少年儿童开展科学推广活动。他是 2020 年盖伊—奥里松奖(Guy Ourisson Prize)的获得者。

智能是数字化转型的关键驱动力。这些人工智能技术促成了数字生态系统的形成,推动了数字化转型进程。那么,在数字化时代,实现可持续发展目标的机会是增加了还是减少了?研究表明,数字化转型可以造福于人类健康、教育质量、城市和社区的可持续性以及对气候挑战的应对,但它也有局限性,包括私营组织、公共机构、社会活动家和公众之间的利益冲突、数据安全问题、道德困境和环境挑战。然而,有一些策略可以有效地协调可持续性和数字化转型。应利用政策鼓励开展更多实证研究,以量化数字化转型的影响,深入理解数字化生态系统,研究有关数字化转型的舆论和集体情绪,了解制度质量、数字化转型、公众意见以及实现可持续发展目标之间的相互关系。本文还将介绍比安奇尼及其团队对数字化转型和可持续发展开展的一系列研究,旨在为今后的研究提供启示。总之,数字时代提供了机遇,也带来了挑战。能力越大,责任越大,学术界和社会必须承担这一责任。

我们的社会正面临许多相互依存的挑战,如全球变暖、移民、人口老龄化、新的地缘政治紧张局势等。事实上,我们终于意识到,成功和社会福祉不能再仅仅用经济学术语来衡量。在过去几年里,可持续发展的概念似乎已经上升为道德层面的要求。因此,我们首先要明确什么是可持续发展。虽然这个定义每个人都应该清楚,但事实并非如此。

可持续发展的概念源远流长。事实上,它可以追溯到税务会计师兼矿业管理员卡尔·冯-卡洛维茨(Carl von Carlowitz,1645——

1714 年），他在其著作《森林经济》(*Sylvicultura Oeconomica*，1713)中首次使用了"可持续发展"一词，指的是长期负责任地使用自然资源。在近两个世纪甚至更长的时间里，几乎没有人关心过这个概念，但在 20 世纪 80 年代中期，当许多学者和决策者开始讨论如何解决经济增长和环境保护之间的困境时，这个概念变得非常流行。今天众所周知的经济"脱钩"和环境负外部性等概念就是在那个年代首次使用的。直到 21 世纪初可持续发展的社会维度才成为讨论的焦点。从那时起，人们普遍认为，可持续发展应该被理解为社会、经济和环境三大支柱之间平衡衔接，以及其良好治理的结果。

2015 年是非常重要的一年，因为联合国通过了众所周知的《2030 年可持续发展议程》(2030 Agenda for Sustainable Development)，制定了到 2030 年为全世界人民实现可持续、公平和包容的未来的宏伟目标。该议程包含 17 项可持续发展目标和 169 项具体目标，这是对缩小可持续发展差距的重要尝试。

尽管可持续发展科学诞生至今已有三十多年，但遗憾的是，虽然有一些定义特别全面，但仍然缺乏坚实的理论基础和对可持续发展定义的共识。其中，有一篇定义的文章值得一读，因为它行文非常优美，真正优雅地指出，可持续发展带来的是一种持久性和未来性、自然和人类的和谐共存、保护、平等和公平、尊重和保护有价值的东西、公平和有效的资源分配以及环保主义理念。

虽然没有正式的定义，但至少有一个广泛的共识，即可持续性应被视为一个规范性概念。那是什么意思呢？这意味着全球社会认为某些人类行为或活动所产生的结果是好的或可取的，甚至是允许的,而其他行为则应被视为不好的和不可取的。这些行为可以通过评估来确定,例如 SDG。

现在,距离 2030 年只剩下不到十年的时间了,包括我在内的许多人开始质疑人类是否能够实现可持续发展的目标。因此,在过去几年里,一系列公共项目或私人项目开始执行,以推进可持续发展目标的实现。科学、技术和创新是该议程的关键要素之一,这一点不足为奇,尤其是数字技术可以为可持续转型提供解决方案。

如今,我们正处于被许多人、媒体和科学界称为第二次机器时代或第四次工业革命的时代。但无论名称如何,这场革命和以前的技术革命一样,再次涉及技术—经济范式的转变。正如克里斯·弗里曼(Chris Freeman)和佩雷斯(Perez)所说,我们再次经历了一个痛苦的、在某种程度上是艰难的调整期。

要准确界定哪些技术推动了这场变革是非常复杂的。在我看来,人工智能,或者我更愿意说智能机器,发挥了非常重要的核心作用。人工智能是否真的是"下一件大事"(the next general big thing),或者像一些经济学家所说的,是下一代通用技术,这仍然是一个数据问题。虽然我个人不这么认为,但人工智能确实正在影响我们的社会、经济和政治系统的方方面面。越来越多的人开始研究人工智能的许多影响,开始部分地了解人工智能对经济增长、就业、生产力、产业动态、科研、创新以及民主和权力再分配等多方面的影响。

除了这些变化之外,人工智能对数字化转型最具推动力。换句话说,人工智能支持了一个由各种技术组成的生态系统的创建和赋能,其中一些技术已经存在,如计算基础设施或物联网等。而事实上,正是这个广泛的数字生态系统带来了持续的数字化转型,而正如我前面所说,这反过来又会对可持续发展和可持续范式产生重大影响。

许多人认为,可持续发展和数字化转型的融合是一个双赢组合。技术乐观主义者认为,数字化转型的某些核心技术,如人工智能,是社会经济进步的主要驱动力。然而,许多论点都表明,数字时代的确带来了许多机会,但同样也带来了许多挑战和风险。可以肯定的是,由于数字化和可持续发展的转型是同时发生的,而且现在就在发生,因此,有必要将它们结合在一起进行讨论。

因此,我想就《2030 年可持续发展议程》展开讨论,但联合国在起草该议程时,几乎没有提到数字化转型,更不用说人工智能或其他具体的先进数字技术了。

在长达 202 页的《2030 年可持续发展目标报告》中搜索"数字"一词,这个词只出现了 13 次,"人工智能"根本没有出现。只有一些地方提到信息和通信技术。并且,对于这些技术并没有展开阐述,而是将其作为一类技术的统称,并且,这些技术只在一些特定领域被提及。例如,SDG 4"优质教育"中包括一些与可持续发展目标中信息和通信技术使用有关的培训问题。而在关于性别平等的 SDG 5 中,提到了信息与通信技术可以赋予妇女更多工作机会。同样,关于工业创新基础设施的 SDG 9,最不发达国家要想实现这一目标,廉价的互联网接入至关重要。总之,我认为还有两个主要的局限性,一是信息和通信技术是作为一个普遍技术提出的,二是根本没有提到该技术在社会和环境可持续性方面的作用。然而，有两个 SDG 8 和 SDG 12，分别涉及经济增长、工作以及消费和生产方面。其中稍微提到了消费和生产中的全球资源效率，这是使经济增长与环境退化"脱钩"的努力的一部分。

回溯到 2015 年，当时数字化和人工智能革命刚刚起步，可以理解这些技术不可能成为议程的核心关注。但在过去几年里，情况发生了巨大变化。例如，欧盟为 2019—2024 年发展提出了六个优先事项。其中，大数据和人工智能不仅被明确视为数字化转型的关键支柱，而且还被视为所谓绿色转型、创造高质量的就业、改善司法以及其他许多事情的驱动力。但这也许是一种过于乐观的看法，正如我前面提到的，数字化转型可以带来许多好处，但也可能造成负面影响。

为了弄清楚这个问题，更仔细地讨论 SDG 中数字化转型的积极影响和消极影响。以关于健康和福祉的 SDG 3 为例。近年来，数字化转型显然带来了许多好处，从加速新药研发、开发现有药物用于其他疾病、个性化和预防性医疗，以及更好地制定公共卫生政策（如在新冠疫情期间），这些都是积极影响。然而，卫生部门的数字化意味着许多其他挑战，例如，与隐私有关的所有伦理问题。或者，正如一些研究所表明的，由于人们发现个性化医疗很容易实现，他们往往转向自我治疗（self-medication），这在很多情况下并不是最好的解决方案。

以上讨论也适用于优质教育，即 SDG 4。在这方面，人工智能和其他数字技术（如数字平台和慕课）带来的好处如今已众所周知。

至于个性化教育，特别是在发展中国家，如今的一些技术使我们能够根据每个学生的需求、技能和兴趣来进行定制化学习。然而，我们同时也发现了一些可能的负面效应，其中包括对学生行为的潜意识操纵，以及可能对心理和行为发展造成的困扰，特别是在儿童时期。遗憾的是，我们对这些消极后果仍然知之甚少。

最后，考虑一些与环境有关的可持续发展目标，如 SDG 11 和 SDG 13。在这方面，数字化是一把"双刃剑"。一方面，数字化转型使一些城市能够连接各种服务、基础设施和互联网，如智慧城市。同时，技术可以用于更好地了解气候变化，更好地预测极端事件的发生。另一方面，也有很多弊端。例如，城市间的连接意味着许多关于监视、隐私、流动性和网络攻击的开放性问题。此外，一些数字设备还存在严重的碳足迹问题。其中数据中心可能是一个典型例子。

维纽萨（Vinuesa）及其同事最近的一项研究对与人工智能和可持续发展有关的挑战和机遇进行了全面概述。值得注意的是，这项研究只涉及人工智能，而不是之前讨论的整个数字技术生态系统。从根本上说，他们研究了可持续发展目标和人工智能之间的协同作用和权衡问题，并征求了专家的意见，最后得出结论：人工智能确实可以使约 80% 的 SDG 得以实现，但也会对其中约 35% 的 SDG 产生负面影响。

回到"可持续性"这一概念上来。我们可以开始质疑，在数字化时代，这种有吸引力但可能并不现实的框架是否仍然可行。我个人的观点是否定的，或者更准确地说，今天不可能。在我看来，数字化转型使这一框架变得极其动态和不稳定。技术创造的力量可以吸引也可以排斥可持续性框架的支柱。你可以朝任何方向，甚至可能以人类无法控制的方式推拉支柱。例如，我们可能会看到经济和社会维度在后退，而环境维度则在进步。简而言之，当涉及数字化转型时，可持续性并不是一个稳定概念。

当前，政策和科学界在发挥非常重要的作用。我们确实有很大的责任和空间来促进更好地理解如何协调可持续性和数字革命。因此，我将介绍一些政策上的优先事项，然后提供一个资源路线图，其中包含一些想法和见解，或许能解决我们所面临的一些问题。

在政策方面，我认为主要的挑战之一是解决参与者之间的利益冲突和优先事项冲突。今天，当涉及数字化和可持续发展社会时，基本上有三个主要的行为体：有激励机制的私营组织、有激励机制的公共机构（可能与私营组织的激励机制不一致）以及广大公众。我们确实应该在合理的领域解决这些冲突，例如数据隐私以及如何分配这些数据产生的价值。

尽管数字技术和数字生态系统提供了许多机会，但它们并非没有风险和技术限制，可能会产生负面影响，科学和政策在这方面发挥着重要作用。可以肯定的是，从政策角度来看，我们需要对技术基础设施进行适当的长期持续投资。但显然，技术上的挑战还包括不同数据之间的整合、因果关系的推断，以及透明的、可解释的和可解读的系统的设计，这些都是科学界面临的挑战。

此外，还有许多伦理挑战。在数字化转型中，伦理问题不容忽视。今天，我们对人工智能在自主性、隐私性、平等方面给人类带来的风险有了更多理解，但我们还需要更多指导方针，包括一套适用于全球不同社会背景的伦理原则。目前，我认为欧盟在 2019 年发布的关于在数字系统中人工智能作用的报告有点以欧洲为中心了。它发布了一份促进人工智能发展的原则清单，然而，要在全球范围内统一这些原则，还有更多工作要做。出现环境问题的主要原因是数字技术的广泛应用，特别是机器学习和数据中心的广泛应用，带来了能源使用和碳排放问题。令人遗憾的是，从琼斯（Jones）最近发表在《自然》（Nature）杂志上的一篇论文中可以看出，如果在不久的将来不采取行动，环境足迹可能会不断扩大。这意味着，我们的确需要生产者和消费者有更高的环保意识。在这方面，我倡议围绕数字产品和服务提出新的衡量指标。所谓深度学习模型影响追踪器是我最近非常喜欢的一个衡量标准的例子。它本质上是一个解释碳足迹的框架，除了传统的模型准确性衡量标准外，它还考虑了神经网络的训练过程。这显然创造了一个强大的激励机制来保护环境。

在理解数字化转型和可持续发展的融合方面，我们有很多东西需要学习，而且关于它的研究也越来越多。然而，仍然面临一些局限。首先，我们目前的理解主要是基于案例研究、专家意见和趣闻轶事。然而，在数据丰富的数字时代，我们仍然需要更多的实证研究，这是局限之一。第二个重要局限可能比第一个局限更严重，那就是数字化转型要么被理解为一系列同质技术对经济和社会的影响，要么被过度强调仅仅是人工智能。然而，数字生态系统包括更广泛的相互关联的技术，每种技术在范围、生命周期、采用程度、扩散方面都有所不同。第三个局限是，我们经常忘记公众在塑造技术轨迹方面的重要作用。我们常说公众是最终决策者，然而我们对人们如何看待数字技术及其对可持续发展的作用却知之甚少，甚至可以说一无所知。最后，我们都知道，无论是制度变革还是技术变革，都不可能相互孤立地发生，但我们对制度质量、数字化转型和可持续发展之间的关系却知之甚少。

在一个刚刚发表在《研究政策》期刊上的文章中，我们研究了智能机器的影响和扩散。更具体地说，是深度学习模型在健康科学领域的影响和传播。我们都知道，科学是实现可持续发展的一个关键因素。而我们这样做是为了理解该技术会如何影响科学体系、科学发现过程以及科学活动组织方式。

而且，我们还发现这些技术正在迅速扩散，这与技术作为一种非常有效的发明方法的观点是一致的。我们也发现这些技术对科学发现具有重大影响。此外，我们还有一个或许更耐人寻味的发现：这种影响对应的不确定性很高。这表明许多团队在试图使用深度学习和人工智能模型进行科学发现时仍然举步维艰。我们得出的结论是，尽管我们拥有一项可以在许多方面提高科学水平的技术，但在利用这些技术发挥更好作用的道路上仍有许多障碍。

在另一项工作中，我们试图量化欧洲地区数字生态系统对环境的影响。坏消息是，我们的研究结果表明，地区数字能力的增强会对环境产生负面影响，至少在温室气体排放方面是如此。但环境足迹主要来自特定技术，而不一定来自整个生态系统。特别是，我们发现像大数据和物联网这样的技术有非常强烈的负面效应。事实上，其他技术如3D打印、增材制造等不一定会对排放产生影响。数字技术，或者至少是其中的一些技术，确实会对环境有负面的外部效应，这是这项研究的另一个耐人寻味的结果。然而，也确实有越来越多的这些技术被用来解决某些环境问题，特别是与能源管理或环境监测相关的问题。

关于公众对数字化转型的看法的重要性研究，我们现阶段只专注于与健康有关的话题，我们利用Twitter和YouTube的数据，用自然语言处理的方法来追踪公众意见，我们的发现有些出乎意料。结果显示，公众对技术在某些领域（如医疗领域）的作用越来越不敏感。对技术持中立态度的人的比例在最近几年迅速增加。有趣的是，我们还发现了许多持不同意见的"回声室"（echo chambers）。在社交网络中，"回声室"本质上是一群持有相同意见的人讨论一个特定的话题。这导致了一种意识形态上的隔离，通常是不利的，因为它剥夺了一些公众的信息，而他们需要知道这些信息来更好地理解一个特定的主题。

最后，我再次强调，正在进行的数字化转型确实提供了许多机遇，但正如我试图用不同的视角向大家展示的那样，它也涉及许多挑战。电影《蜘蛛侠》中的本叔叔（Uncle Ben）曾经说过，能力越大，责任就越大。我认为，肩负起这一责任的时候到了。

14 服务业的供给侧结构性改革和摆脱中等收入陷阱[*]

张建华(Jianhua Zhang)[**]

内容提要 目前在中国经济中占主导地位的服务业的内需和生产结构还存在不足,需要优化。摆脱中等收入陷阱的关键是引入供给侧结构性改革,推进先进制造业与现代服务业的深度融合,促进国内市场发展壮大。我们使用 1950—2010 年 45 个非石油出口国家的数据来代表世界范围内这些国家服务业的结构性演变,并对已经通过中等收入陷阱的亚洲经济体与仍陷于陷阱中的拉美同行进行比较。大力发展生产性服务业,提高公共服务供给,培育人力资

---

* 本研究的合作者为程文。

** 张建华,华中科技大学经济学院院长、教授。1998 年他在中欧高等教育合作项目的支持下,赴英国阿伯泰邓迪大学访学并担任客座教授。他是华中科技大学学术委员会成员,并一直担任张培刚发展经济学研究院院长。他还担任过湖北省政府顾问委员、中国国际扶贫基金会顾问专家、中国经济学会副会长(2019—2021 年)、中国发展经济学会会长等社会服务领域的领导职务。他一直从事发展经济学、创新和产业经济学方面的研究。

本的数量和质量,将高级人力资本与知识密集型服务业对接,将推动中国经济结构向高质量发展升级转型。

1978 年改革开放后,中国经历了四十多年的快速发展。目前,中国经济正站在一个历史性起点上。就经济总量而言,世界银行最新的分类(2018 年)显示,2017 年中国的人均国民总收入(GNI)为 8 690 美元,介于中上收入组(按 Atlas 方法计算)的下限(3 896 美元)和上限(12 055 美元)之间。这意味着中国已经完成从中高收入国家到高收入国家的前半段旅程,目前正在踏上后半段旅程。从经济结构来看,中国第三产业增加值占比已经连续五年在所有产业部门中名列前茅,2015 年首次超过第一产业和第二产业之和,2017 年达到 GDP 的 51.6%。中国经济已进入以服务业为主导的发展阶段。但是,仅仅扩大服务业在 GDP 中的比重并不能保证宏观经济的稳定和可持续增长,因为中国第三产业比重的提高可能是由于消费需求升级、服务供给条件和环境变化,或者产业分工进一步细化。更有可能的是,这些变化的原因是过早去工业化导致制造业相对衰退。因此,了解服务业相对变化的原因,推动其内部结构优化和升级,将对未来整体经济的持续健康发展产生重大影响。

14.1　文献综述

"中等收入陷阱"一词首次出现在世界银行 2007 年出版的《东亚复兴:关于经济增长的观点》(*An East Asian Renaissance：Ideas for*

Economic Growth）中。关于中等收入陷阱存在和成因的讨论在国内外学术界日益激烈。研究经济增长和结构转型背后的主要驱动力的变化尤为重要，因为这种陷阱在人均国民收入的各个水平都有可能发生。在达到中等收入水平时，许多经济体的制造业比重会下降，而服务业的比重会上升。服务业比重的上升并不一定是产业结构优化升级的结果，而可能是产业分工的进一步细化、制造业的相对衰退或服务业的相对价格变化等因素推动的结果。也就是说，它并不一定代表服务业生产能力的真正提高。

　　"鲍莫尔成本病"（鲍莫尔效应）在有关服务业的文献中经常被提及，指的是，与劳动生产率没有增长的部门相比，劳动生产率没有增长的部门的商品和服务成本增加。鲍莫尔使用劳动生产率差异和非均衡增长的双部门模型，解释了服务业"成本病"的形成机制。随后，他修改了该模型，引入渐近停滞部门的概念，指代那些劳动生产率在开始时快速增长但随后趋于停滞的部门。在此基础上，他认为，随着劳动力继续转向服务业，经济增长将停滞不前。福克斯（Fuchs）通过对 1929—1965 年美国服务业统计数据的实证分析验证了这一观点。然而，许多学者质疑鲍莫尔的观点，后来的理论家倾向于通过指定微观水平的生产函数和宏观水平的一般均衡模型来探讨这个问题。

　　在完全竞争的假设下，微观经济方法只是从投入产出的角度研究局部均衡，而不考虑消费者的效用函数。当服务业产品被用作中间产品而不是最终产品时，经济增长不会停滞，服务业也不会患上"成本病"。这个论点以奥尔顿（Oulton）为代表。佐佐木（Sasaki）扩展了奥尔顿模式,认为服务业不仅为制造业提供中间产品,而且直接将剩余产品作为最终产品提供给消费者。然而,他发现制造业的劳动力将逐渐向服务业转移,从长远来看,经济增长率将趋于下降。

基于一般均衡理论的宏观经济方法,将服务消费引入效用函数和人力资本积累函数。普格诺(Pugno)最早提出,通过人力资本积累可以促进整体经济的持续增长,其积极作用可以抵消劳动力向服务部门转移造成的负面影响,从而预防"鲍莫尔成本病"。程大中和王锐扩展了普格诺的模型,不再假设服务业的劳动力增长率为0。他们的结论是,服务消费促进了人力资本的积累,从而提高了经济增长率。公共服务产业提供的人力资本积累和生产性服务业带来的创新驱动是服务业劳动生产率整体增长的关键。纵观历史,大多数陷入中等收入陷阱的经济体都经历过低效服务的蔓延和"鲍莫尔成本病",而那些成功跨越中等收入陷阱的经济体则拥有先进的知识和技术密集型服务结构。

总之,从优化服务业结构的角度来看,中等收入陷阱背后的经济逻辑可以表述为以下几点。消费服务业以生产性服务业产出为中间投入。由于劳动生产率的提升有限,生产率的增长取决于生产性服务业的生产率提升。后者的研发和生产率提升在很大程度上依赖于优质人力资本的培养和积累。如果员工不愿意投资于人力资本,或者教育部门效率太低而无法培养人力资本,那么高质量的人力资本就会供不应求。如果没有优质人力资本,生产性服务业将停滞不前,这将加剧消费服务生产率的下降,结果是那些以服务业为主的经济体陷入中等收入陷阱。因此,中等收入阶段服务业结构升级是跨越中等收入陷阱的关键。

14.2 服务业结构性演进与摆脱中等收入陷阱的代表 性事实

通过实现生产性服务业高附加值与消费服务业生产率提高之间的相互作用来摆脱中等收入陷阱,对培养和积累人力资本的部门的发展提出了很高的要求。生产服务和人力资本生产部门的发展是摆脱中等收入陷阱的关键。我们需要研究服务业内部结构的一般演化规律,具体分析跨越中等收入陷阱的高收入经济体和无法摆脱中等收入陷阱的中等收入经济体在不同人均 GDP 水平上内部结构的显著差异。

我们采用 2015 年人口超过 300 万的 45 个非石油出口经济体 1950—2010 年的数据,来描述与全世界服务业结构演变有关的代表性事实。各种服务行业按不变价格计算的增加值数据来自格罗宁根增长与发展中心(GGDC)的十部门数据库和联合国数据库,人均 GDP 数据来自麦迪逊项目数据库。消费服务业包括批发零售贸易和住宿餐饮业,生产性服务业包括运输、仓储、通信、金融、保险、房地产和商业服务。使用局部加权散点图平滑(LOWESS)的非参数回归方法,我们估计了每个指标与人均 GDP 之间关系的拟合度。结果如图 14.1—图 14.4 所示。

如图 14.1 所示,随着人均 GDP 的增加,消费服务行业在整个服务部门中的增加值份额呈下降趋势,从低收入阶段的 40% 以上下降

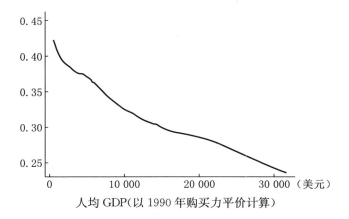

图 14.1 消费服务业增加值份额

到高收入阶段的 25％以下。随着人均收入的增加,消费服务行业在整个服务部门增加值中的重要性也在下降。

如图 14.2 所示,生产性服务业增加值占整个服务业的比重在进入高收入阶段后保持持续快速增长,虽然在中等收入阶段出现了3％左右的小幅下降。总体来看,生产性服务业增加值的占比大幅上升,从低收入阶段的不到 30％上升到高收入阶段的 50％以上,成

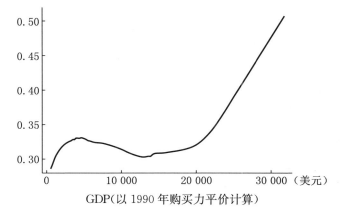

图 14.2 生产性服务业增加值份额

为服务业增加值的主要来源。尽管生产性服务业在中低收入阶段并不构成经济增长的瓶颈,但一旦一个国家进入中高收入阶段,它们就会成为服务业经济增长的最重要驱动力。

如图 14.3 所示,在三个不同的人均 GDP 水平上,消费服务业的就业在整个服务部门中的比例有所不同。在低收入阶段,消费服务业的就业比例从 33% 上升到 37%;在人均 GDP 达到 2 万美元的中上收入阶段,该比例从 37% 稳步下降到 30%;而在人均 GDP 达到 2 万美元之后,该比例基本稳定在 30% 左右。如图 14.4 所示,生产性服务业的就业比例呈上升趋势,从中等收入阶段的不到 20%,上升到高收入阶段的 33% 左右。然而,在低收入阶段略有下降。在这个阶段,低水平的人力资本与劳动密集型的消费服务行业相匹配,使得消费服务能够发展并吸引更多的低水平人力资本。消费服务缺乏足够高质量的人力资本,这意味着它们无法与就业份额下降的生产性服务业相提并论。在中高收入阶段,人均收入的不断提高意味

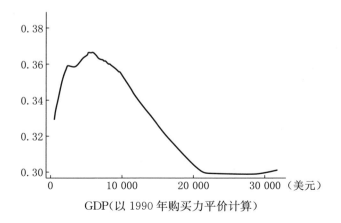

图 14.3　消费服务业就业份额

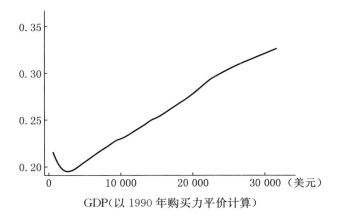

图 14.4　生产性就业份额

着人力资本的水平和积累要比低收入阶段高得多。以知识密集型、人才专用性为特点的生产性服务业，如研发设计、信息传递等，与充足的高水平人力资本相结合，使高附加值生产性服务业得以快速发展，就业比重持续大幅增加。

　　我们选取亚洲"四小龙"（新加坡、韩国、中国香港和中国台湾）和主要拉美经济体作为跨越或陷入中等收入陷阱的经济体的代表，对各种指标与人均 GDP 之间的关系进行拟合回归，以便进一步了解这些经济体的服务部门在不同人均 GDP 水平上的内部结构差异。结果如图 14.5—图 14.8 所示。

　　将图 14.5、图 14.6 与图 14.7、图 14.8 进行比较可以发现，虽然在中等收入阶段，亚洲"四小龙"经济体和拉美经济体目前消费服务业增加值占服务业总量的比重先上升后下降，但这两类经济体的生产性服务业趋势却完全不同。在亚洲"四小龙"中，生产性服务业在增加值中的比重在中等收入阶段显著上升，从 30％左右开始呈上升趋

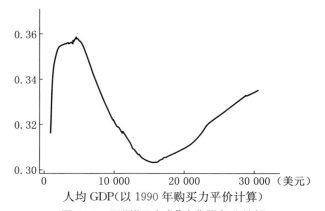

图 14.5 亚洲"四小龙"消费服务业份额

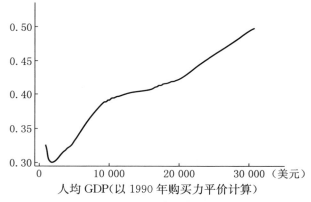

图 14.6 亚洲"四小龙"生产性服务业份额

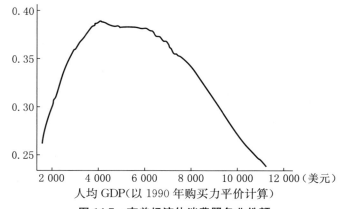

图 14.7 南美经济体消费服务业份额

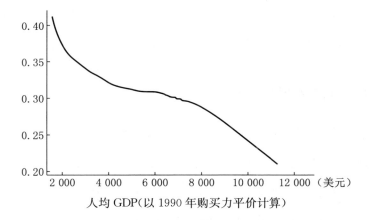

人均 GDP(以 1990 年购买力平价计算)

图 14.8　南美经济体生产性服务业份额

势,直到高收入阶段达到 50%。然而,在拉丁美洲经济体中,生产性
服务业在增加值中所占的份额大幅下降。从低收入阶段的约 40%
开始迅速下降,直到中等收入阶段达到 20% 左右,下降了近 50%。
这充分说明那些陷入中等收入陷阱的拉丁美洲经济体的一个典型
特征:它们的生产性服务业迅速萎缩。与此同时,没有生产性服务
业支撑的消费性服务业也在迅速萎缩。亚洲"四小龙"成功摆脱中
等收入陷阱的原因很简单,那就是它们生产性服务业的快速增长和
高劳动生产率。

14.3　中国服务业结构升级与摆脱中等收入陷阱的
数值模拟

引入企业研发和人力资本的雷丁(Redding)模型,我们在服务
业细分领域互动的基础上进行了延伸分析,构建出一个涵盖消费、

生产性服务业以及人力资本供给的数学模型。然后，我们从服务业结构升级的角度探讨了中国摆脱中等收入陷阱的形成机制和路径。

14.3.1　数值模拟相关参数的估计

我们使用中国 31 个省份 2005—2016 年的面板数据，对 α、δ、γ 和 θ 参数进行估计。数据来自国家统计局编纂的《中国第三产业统计年鉴》、教育部发展规划司编辑的《中国教育统计年鉴》以及国家统计局和科技部编纂的《中国科技统计年鉴》。对于短期动态面板，我们借鉴阿雷亚诺（Arellano）和邦德（Bond）的做法，进行了 GMM 回归。

14.3.2　基于中国情景的数值模拟

为了实现高质量发展，在增长率降到较低水平时成功跨越中等收入陷阱，中国需要大力发展研发设计、信息通信、物流服务等生产性服务业，并通过文化、教育、医疗等公共服务提高人力资本的数量和质量，从而实现高水平人力资本与知识密集型服务业之间更好的匹配效果。

14.3.3　中国应对中等收入陷阱风险的政策模拟

本文利用上述理论模型，试图探讨人力资本生产效率提高、创新成功概率提高、效率提高和利率提高对中国摆脱中等收入陷阱的影响。

第一，提高人力资本生产效率的影响。提高人力资本供给效率,对于鼓励知识密集型服务业发展、摆脱中等收入陷阱具有重要意义。提高教育领域人力资本生产效率的关键突破口在于推进教育供给侧结构性改革,向人民群众提供优质、多样化、区域间相对均衡的教育服务产品。

第二,创新成功概率和效率提升的影响。增加创新成功概率和提高效率可以有效促进摆脱中等收入陷阱。可以采取以下政策措施:促进创新合作生产,推动创新型政企合作,加强区域创新体系建设。

第三,利率提高的影响。中国基准利率的提高将对居民人力资本投资决策产生长期影响,进而对经济增长产生长期影响。中国面临的经济问题主要是长期结构性失衡,我们需要把主要精力放在长期经济增长的制约因素上。通过供给侧结构性改革,我们可以提高现有供给体系的质量和效率。

14.4　结论

我们的基本结论是,服务业经济结构的变化表明,消费和生产性服务业与人力资本供给的改善之间存在相互依存的关系。如果公共服务行业不发达,就很难提高文化、教育和医疗等部门的效率,这将导致人力资本生产和积累不足。这将意味着没有足够的有效创新来支持生产性服务业的发展和向高端制造业的转型。然而,低端制造业的倾向和过早的去工业化将导致服务业低效率的蔓延和"鲍莫尔成本病"等严重问题,将经济推入中等收入陷阱。造成这种现象的根本原因在于,虽然与发达国家相比,拉美经济体的服务业比重并不是特别低,但由于其服务业结构存在严重缺陷,因此,陷入中等收入陷阱。相反,生产性服务业作为消费性服务业的中间投入,如果能够与高水平人力资本生产相匹配,其扩张将促进研发投入,提升全要素生产率,从而间接提高消费性服务业的全要素生产率。这样一来,服务业的整体生产率就可以保持在一个较高的水平上,以服务业为主的经济体就可以实现持续增长,从而跨越中等收入陷阱。

15　经济学中的复杂性研究：
　　过去、现在和未来 *

巴特·弗斯帕根(Bart Verspagen) **

内容提要　本文将对复杂经济学的相关研究进行简要概述。在自然科学早期发展理论(如热力学和混沌理论)的影响下,"复杂性"一词开始流行起来,指的是关于微观经济层面异质性主体之间的互动如何产生总体层面"有序"模式的理论观点。这就产生了耗散系统中的自组织概念,或用"混沌边缘的秩序"来描述经济动态。由于非均衡在这些理论中扮演重要角色,因此这些观点与同样强调非均衡的熊彼特经济观相结合,取得了非常好的效果。

---

　*　本研究的合作者为昂德尔·诺马莱尔(Önder Nomaler)。

　**　巴特·弗斯帕根,联合国大学马斯特里赫特创新与技术经济社会研究所(UNU-MERIT)所长,创新与新技术宏观经济学全职教授。研究兴趣包括技术变革与创新经济学、经济增长与发展、宏观经济学、演化经济学方法、国际贸易、结构变革、技术溢出效应、科技指标、技术变革史和经济史。他自 2019 年起便担任《演化经济学期刊》的执行主编。

在目前的文献中,经济复杂性主要是指基于网络的定量方法的应用,这些网络可以根据非常精细的生产或贸易数据创建。这些数据被用来衡量发展的总体情况,以及描述生产结构随时间演变的情况。这些文献的发展在很大程度上与早期的复杂性文献脱节。新的经济复杂性范式旨在提供一套用于描述发展特征的数据降维技术,在很大程度上并不太关注经济理论。

关于熊彼特经济学中复杂性研究的展望,我们认为,将经济作为耗散、失衡系统进行分析的潜力尚未得到充分挖掘。特别是,我们建议与大历史领域(旨在描述和分析宇宙大爆炸以来的粗略历史)保持一致,并在特别是气候变化和可持续性等更大的经济学问题上开展工作。

15.1　引言

在一年两次国际熊彼特学会上发表的作品,历来强调经济是一个复杂和不断发展的系统。这一观点深深扎根于熊彼特本人的作品,从《经济发展理论》(*Theorie der wirtschaftlichen ent wicklung*)到《资本主义、社会主义和民主》(*Capitalism, Socinlism, and Democracy*),熊彼特在三十年时间里不断深化和完善了这一观点。

本文旨在简要概述后熊彼特时代的文献是如何使用和发展复杂性这一概念的。由于复杂性是一个非常宽泛的概念,因此有多种方法来对其进行描述和阐述。我们认为,这些文献可以大致分为两大部分:一部分将经济视为一个复杂的演化系统;另一部分则使用

"复杂性"一词来制定一套方法,使用非常细分的数据来制定总量汇总指标,旨在捕捉总量以下动态的关键特征。这两部分的文献之间似乎没有很强的联系。

接下来,将简要讨论这两方面的复杂性研究。第 15.2 节讨论早期关注非均衡和经济演化的文献,第 15.3 节探讨经济复杂性的"新"文献。在第 15.4 节中,我们简要介绍所谓的大历史领域,该领域使用了类似的非均衡和演化概念。在这一部分,我们呼吁重新关注经济学中的重大问题,尤其是可持续性和气候变化问题,重点关注系统属性,以及熊彼特经济学为主流均衡观点提供替代方案的方式。第 15.5 节总结论证的主要思路。

15.2 熊彼特经济学的复杂性

熊彼特经济思想的核心是,创新是经济体系动态发展和演变的驱动因素。主流经济理论认为经济动态是一个趋于稳定状态的均衡过程,而熊彼特则强调非均衡的作用,尽管他是受到瓦尔拉斯(Walras)提出的均衡体系的启发。熊彼特的《经济增长理论》(1911年)以德文出版,并于 1926 年进行修订,随后于 1934 年被翻译成英文。该书最全面地描述了均衡和非均衡在他的理论中的作用。[①]在熊彼特的非均衡理论中,企业家扮演着核心角色,他们将创新("新组合")引入经济。这些创新造成不均衡,瓦尔拉斯理论就说明了这

---

① Becker 和 Knudsen(2002)概述了这一论点在两个德文版和一个英文版中的变化情况,还提供了英文原译本中没有出现的德文部分的译文。

一点。在瓦尔拉斯一般均衡理论中,由于所有行为都是最优的,因此,各种经济主体的行为会导致一种没有变革动力的状态。正如后来的一般均衡理论(Arrow and Debreu,1954)所认为的,竞争使利润下降到统一的(相对较低)资本回报率。熊彼特笔下的企业家通过创新创造出更高的利润,打破了这种均衡。

Schumpeter(1939)认为,(重大)创新在时间上是集中的,"模仿的浪潮"会逐渐侵蚀创新最初带来的巨额利润。创新破坏均衡、模仿逐渐恢复均衡的过程导致漫长的商业周期[参见 20 世纪 70 年代以来紧跟熊彼特思想的文献(如 Mensch,1979;Freeman et al.,1992)]。然而,经济总是处于非均衡状态,因为当均衡稳定状态似乎即将到来时,又会被创新打破。

在这种情况下,经济均衡理论的工具用处不大。这就是新熊彼特主义者(例如,Dosi et al.,1988)开始寻找替代(建模)工具的原因。他们在自然科学领域,尤其是热力学系统理论领域找到了灵感[见 Prigogine 和 Stengers(1984)的通俗论述]。这种观点认为,以均衡为基础的主流经济学是对物理学及其所奉行的稳态均衡的模仿(Mirowski,1991),而热力学中的耗散系统理论则更符合熊彼特思想中的非均衡概念。

耗散系统的关键在于其开放性,即它们能够与环境交换能量和物质。一个封闭的热力学系统会经历一个不可逆的熵增加过程,我们可以把熵看成"退化的能量",当热量转化为功时,熵就变成废物。以蒸汽机为例,我们可以想象热量以蒸汽(水分子)形式存在于锅炉中,与冷区隔开,通过让热量流经气缸,从而推动活塞带动轮子运动来做功。如果发动机是一个封闭系统，也就是说，如果我们不继续用更多煤和从外部引入的氧气来烧锅炉，那么当所有热量都转化为熵时，发动机就会停止工作。由于这一过程是不可逆的（在封闭系统中，熵无法再转化为热），因此高熵状态代表了一种平衡。

耗散系统可以通过从外部引入能量来避免这种熵最大化的热力学平衡，使得耗散系统的运行远离平衡状态。但正如普里戈金（Prigogine）和斯坦格斯（Stengers）所展示的，耗散系统往往表现出结构、秩序和动态稳定性。正是这一思想吸引了新熊彼特主义者，他们在寻找一种反映熊彼特思想的动态失衡理论。其主要观点（Verspagen，2005）是，在熊彼特非均衡动态理论下，世界发展看起来与主流的基于均衡的稳定阶段增长过程截然不同，在后者中，一切都以恒定速度增长（例如，Solow，1956；Romer，1990）。

新熊彼特主义对耗散系统的关注可以放在更广泛的复杂系统和所谓的自组织领域中。Silverberg（1988，p.531）认为，自组织理论涉及的是在物质、能量和信息交换方面向环境开放的复杂动态系统，这一系统由若干相互作用的子系统组成。许多此类系统已被证明能从微观层面各组成部分看似不协调的行为中自发产生连贯的宏观结构。此外，自组织系统可以经历一连串的结构转变。

这一理论源于自然科学领域的其他早期研究［西尔弗伯格（Silverberg）在其他文献的讨论，以及 Eigen，1971；Haken，1983］，并在 20 世纪 90 年代获得发展势头，其受到圣达菲研究所（Santa Fe Institute）的影响，该研究所汇集了来自多个（社会）科学领域的学者，共同将复杂系统思想应用于各自的领域（关于该领域研究的早期研究有:Lewin,1992;Waldrop,1992)。正如西尔弗伯格的文章所强调的,复杂系统理论的主要思想是,微观层面的互动(在经济学中,例如单个企业之间或企业与消费者之间的互动)虽然没有高层结构的协调,但也可能导致总体层面的秩序,其可以以结构稳定的结果(如接近充分就业的经济运行)的形式出现,也可以表现为以变化为特征的动态均衡。

在涉及多主体互动的(复杂)系统中,这些综合有序的结果通常被称为系统的突发特性。Fuentes(2014)提供了突发属性的正式定义,即沿着特定属性的有效复杂性度量的不连续性。突发特性也已成为所谓主体基建模(ABM)的重点,该模型试图对复杂系统微观层面的相互作用进行正式建模和仿真,以观察总体层面的突发特性(早期概述见 Tesfatsion et al.,2002;分析熊彼特动态的成果见 Dosi et al.,2010)。

正如沃尔德罗普(Waldrop)撰写的一本很受欢迎的著作《复杂性:秩序与混沌边缘的新兴科学》(*Complexity. The Emerging Science at The Edge of Order and Chaos*)的书名所示,复杂性科学领域与数学领域的混沌理论密切相关(早期的普及读物见 Gleick,1987;Ruelle,1991)。在混沌理论中,非线性动态模型会产生不可预测的结果,这些结果对初始条件极为敏感。因此,用两组非常相似(小数点后很多位)的初始条件模拟一个模型,可能会在模拟几个周期后产生两种截然不同的结果。天气就是这类混沌行为的一个标准案例。

混沌是非均衡的一个极端例子,兰顿(Langton,1990)认为,混沌是系统行为连续类型的一部分，复杂系统的突发特性也在于此。他借鉴了 Wolfram（1984）的研究成果，后者指出细胞自动机（cellular automata）可产生不同类型的行为，如达到同质状态、周期性结构（循环）、混沌和"超长瞬态"（very long transients）（Langton，1990，p.16）。兰顿展示了如何将细胞自动机参数化，以及如何改变关键参数。

我们会遇到周期性动力学和混沌动力学之间的相变（phase transition），虽然频谱两端的行为似乎"简单"且容易预测，但相变附近的行为似乎"复杂"且不可预测。（Langton，1990，p.24）。

正如兰顿论文的标题所暗示的那样，复杂性是一种生活在"混沌边缘"的现象。

Frenken（2006）对如何将这些关于复杂性的观点应用于熊彼特创新和经济变革分析领域进行了较早考察。他将其分为三大类：适应性景观（fitness landscapes）、网络和渗透模型（percolation models）。在适应性景观类别中，NK 景观模型（NK landscape model）（Kauffman and Weinberger，1989；Kauffman，1993）将演化表述为在景观上寻找（局部）峰值。K 越大，景观就越"崎岖"，也就越难通过"漫步景观"（walking the landscape）找到全局最优。Levinthal（1997）曾用 NK 模型表示管理科学背景下的熊彼特式创新。另一个例子是弗伦肯和努沃拉里（Frenken and Nuvolari，2004），他们将该模型应用于蒸汽机的早期历史。

Frenken（2006）区分的第二类复杂性方法是网络模型。他区分了主体网络模型（主要是创新企业）和技术网络模型。在主体网络模型中，小世界模型（Watts and Strogatz，1998）尤其具有影响力。这种方法关注的是路径长度如何随着网络结构的变化而变化，特别是"团体性"（cliquishness），即网络中连接密集的局部领域的杂乱程度。例如，路径长度可以代表技术知识在网络中流动的便捷程度。在"小世界"模型中，当团体性略有下降时，路径长度会迅速下降，这让人联想到了兰顿发现的相变现象。

弗伦肯讨论了另一种网络类型——内生网络，其理论解释了主体网络链接的形成。例如，优先依附原则会导致中心性（节点拥有多少链接）以高度倾斜的方式分布在节点上（即所谓的无规模网络，参见 Albert and Barabási，2002）。

最后，弗伦肯将基于渗流的模型作为一个单独的方法类别加以区分（Frenken，2006）。这些模型或用于创新，或用于技术发展动态。在后一类中，Silverberg 和 Verspagen（2005）将创新视为二维网格中的运动，其中一维代表技术距离，另一维代表技术性能。可行技术是指那些在该网格中代表不间断链条的技术，企业进行研发是为了为现有链条找到新的"位置"。这就产生了非常倾斜的创新规模分布，与观察到许多渐进式创新但只有极少数激进式创新的现实经验相吻合。

弗伦肯的考察不包括分析经济现象（如经济增长或产业动态）的 ABM 及其他模型。正如我们在上文已经强调的，ABM 与复杂性思想密切相关，因为它们关注的是突发特性。在熊彼特创新分析中的大规模 ABM 模型之前，还有一些较小的仿真模型，例如，Silverberg 等（1988）研究了具有内生创新的动态经济中的产业动态，Silverberg 和 Verspagen（1994）研究了创新和经济增长的长波。Pyka 和 Fagiolo（2007）对这一文献进行了早期述评。近来，熊彼特式 ABM 解决了更多传统的宏观经济问题，如 Dosi 等（2010）。

15.3 经济复杂性的"新"范式

虽然在创新经济学和经济地理学领域，有关复杂系统的研究仍在蓬勃发展，但复杂性，尤其是"经济复杂性"一词，目前主要用于经济学文献的一个独特子领域，即"经济复杂性理论"（Hidalgo，2021）或 Balland 等（2022）所说的"经济复杂性新范式"。Hidalgo（2021，p.92）在其关于该领域的评论文章中提到六位"长期以来一直将经济视为复杂系统的学者"。在这六位学者中，我们认为至少前四位的文献（Beinhocker，2006；Holland and Miller，1991；Miller，1991；Kauffman，1993）属于我们在上一节中简要总结过的复杂系统文献。这表明，上一节回顾的文献与新的经济复杂性文献之间具有连续性。

另外，Hidalgo（2021，p.93）认为"经济复杂性可以被视为内生增长理论的延续"，并引用 Romer（1990）、Aghion 和 Howitt（1992）作为该理论的范例。前文我们已经提到，Romer（1990）是均衡理论分析的学者，这与熊彼特的非均衡思想略微不同。此外，阿吉奥（Aghion）和豪威特（Howitt）明确提到熊彼特的观点，如创造性破坏，而且这两位作者也多次将自己的著作称为熊彼特增长理论的一部分。然而，尽管我们并不想独占熊彼特的思想，但也可以说，前文所总结的熊彼特的非均衡思想并不是这些模型的一部分（类似的论点见 Alcouffe and Kuhn，2004）。

同样，Balland 等（2022）认为，"经济学在研究技术方面一直存在困难。经济学倾向于通过其结果来衡量技术：将其作为全要素生产率等总体生产函数中的一个变动参数。但它并没有提供从结果到原因的联系"。这种观点完全忽视了基于熊彼特理论的内生创新研究以及伊达尔戈（Hidalgo）提到的均衡导向的内生增长理论，尤其是我们在上文总结的新熊彼特复杂性文献。这些文献在 Balland 等（2022）之前的大约三十五年里批评了主流经济学对技术的处理方法，并随后建立了一个广泛的替代方法目录。

从理论构建角度来看，新的经济复杂性思想以能力概念为基础，即为了生产（或成功出口）特定产品，必须具备特定的生产和技术能力。这些能力必须由经济主体（企业）获得，这需要投入资源，是一个动态过程。这种能力理念也是熊彼特文献的一个重要原则（例如，从宏观角度对这一主题的概述，见 Fagerberg et al.，2010；从微观角度论述的，见 Dosi and Teece，1998）。

新的经济复杂性文献在能力的基础上增加了关联性（Frenken et al.，2007）。虽然"关联度衡量的是一个地点和一项活动之间的亲和力"（Hidalgo，2022，p.97），但活动也共享能力。这意味着，关联度可被视为一个地点可能新开发哪些活动的预测指标，即那些需要该地点目前开展的活动已具备能力的活动。这种关联性的概念与企业的"本地搜索"密切相关。例如，Nelson 和 Winter（1982）认为，企业通常会小步快跑地改变其常规做法，而 Levinthal（1997）则将本地搜索建模为 NK 景观上沿着本地路径行走，这也受到 Kauffman 和 Weinberger(1989)的启发。Sahal(1981)和 Dosi(1982)认为，企业的大多数创新工作都是在基本设计的基础上进行渐进式改进的，这再次表明局部搜索。

虽然能力和关联性是经济复杂性新范式的基本思想，但它们并不是这一文献发展的核心要素。上一节总结的早期复杂性文献非常重视阐述经济如何运行的理论特征，以及市场过程在增长和分配方面可能产生的结果，而新的经济复杂性文献对这些问题并不是很感兴趣。相反，伊达尔戈明确指出，新文献的基本目标和成就是发展关联性和复杂性度量，他将其描述为估计"一个经济体中存在的要素或投入的可用性、多样性和复杂性……"。这种方法与以往研究经济增长和发展的方法不同，关联性和复杂性方法与要素性质无关。相反，它们试图估算这些因素的综合存在，而不对这些因素可能是什么作出强有力的假设(Hidalgo，2021，p.92)。

Balland 等(2022，p.3)认为，这些指标"增加了经济学的工具箱"，提供了一种降维技术，专门用于解决创新如何与发展相关的问题[Hidalgo(2021)也强调了这一点]。降维是指以其他方式对(微观)数据进行折叠的过程，而不是单纯加总，同时比加总保留更多信息，从而在加总层面突出系统的重要属性，而这些属性在单纯的加总中仍会被掩盖。因此，提出的(缩减)指标所包含的信息"有助于预测经济增长、收入不平等和温室气体排放"[参见 Hidalgo(2021，p.92)的研究；另外，Balland 等(2022)的综述中也提到这一点]。

由于数据降维和降维度量的使用似乎是新的复杂性文献的重

点，而不是从理论上理解经济是如何运行的，因此将所提出的复杂性度量的结果与其他数据降维方法的结果进行比较似乎是有益的。主成分分析法（PCA）是一种著名的数据降维方法，已被广泛应用。虽然它与 Hidalgo 和 Hausmann（2009）提出的经济复杂性指数（ECI）有所不同，后者经过修改已成为文献的标准，但这两种方法在技术运作上也有一些惊人的相似之处（Kemp-Benedict，2014）。这两种方法都借鉴了某个矩阵的谱分解（即特征向量），其计算方法都是将普通矩阵 M 的"某种"归一化/标准化与 M 的转置的"某种"归一化/标准化相乘。

我们在附录中对 2012 年国际贸易（出口额）数据集的两种方法进行了简要比较，该数据集涵盖 155 个国家和 4 位数海关标准分类系统中的 1 224 个产品类别。我们使用这两种方法将国家映射到产品空间，后者被定义为每种方法可得出的两个主要维度。对于 PCA，这是两个第一主成分。对于 ECI，我们使用复杂度矩阵的第二个和第三个特征向量（第一个特征向量是微不足道的；详见附录和参考文献）。由于 ECI 方法或多或少没有理论依据，我们认为没有理由将解释局限于第二个特征向量，因此我们也纳入第三个特征向量。

总之，比较结果表明，PCA 和 ECI 都提供了有用的数据还原，使我们能够深入了解发达国家与欠发达国家在贸易模式方面的特点。如果使用与人均 GDP 的相关性指标，ECI（第二特征向量）的结果最好。然而，如果不考虑一个要求尽可能高的相关性的理论质疑问题，那么似乎没有什么理由选择 PCA 或 ECI，而不是其他方法。

15.4 复杂性与"宇宙学问题"

与耗散系统相关的复杂性理念，以及与热力学的平行关系，在大历史领域也发挥着重要作用（例如，Spier，2005，2011；Chaisson，2014）。大历史旨在书写大爆炸以来宇宙的粗略历史，（必然）放大到一个非常笼统的层面。其具体操作方式是研究复杂性的出现和演化，其中复杂性是指热力学意义上的复杂性。斯皮尔（Spier，2005，2011）建议用能量密度（单位质量的能量流）来衡量复杂性。根据耗散系统理论，复杂性产生于宇宙中持续存在低熵（高复杂性）状态的小区域（如地球）。宇宙中的其他区域熵增加，"补偿"了这种情况，导致整个宇宙的熵净增加。斯皮尔认为，生命的出现是复杂性的第一阶段，随后是包括经济和文化在内的新兴文明。斯皮尔还认为，人类复杂性的增加与这些系统中能量密度的增加密切相关。

Aunger（2007）将这种对大历史的解释与熊彼特关于周期的观点联系起来，例如 Schumpeter（1939）以及 Freeman 和 Loucã（2001）的观点。他将大历史视为一系列不连续的均衡状态，这些均衡之间存在所谓的非均衡稳态转换。这些过渡由与能源有关的创新（如第一次工业革命期间机械的使用）启动，与之相伴的是组织创新（如工厂系统）和更大社会系统中的"控制"（如以制度的形式）。这种不连续平衡序列让人联想到熊彼特的社会经济范式理论（Freeman and Perez，1988）以及 Boyer（1988）的规制观点。其对能量和熵的强调也让我们想起了 Georgescu-Roegen（1971）及其之后的生态经济学。

　　高度抽象的大历史推理很难应用到经济学中，因为在经济学理论中没有明显对应的熵的使用。在大历史（或更广泛的热力学）中，有序性和复杂性与低熵状态相对应。尽管在经济学中已经使用熵概念（作为结构多样化的指标），但它与大历史文献中的含义不同，因此不能作为复杂性的通用衡量标准。但熊彼特复杂性经济学的系统演化方法似乎非常适合全面应对重大社会挑战，这就是海尔布隆纳（Heilbronner，1984，p.682）所说的经济学的宇宙论问题，即生产和分配的社会配置——最终由个人的自发活动所产生的宏观和微观模式。亚当·斯密首先解决了这一问题，他非凡地描绘了一个从自发活动中产生内部秩序和"外部"扩张趋势的社会。马克思、凯恩斯和熊彼特的非凡之处则在于，他们是极少数为这一问题提出解决方案的人，其想象力和范围可与斯密媲美，但他们的解决方案却大相径庭。在马克思的伟大构想中，该体系注定要经历连续不断的危机，这些危机既改变了其社会经济结构，又逐渐为某种可能的最终崩溃埋下了伏笔。在熊彼特看来，该体系的动态发展带来了长期、持续的自生增长前景，尽管这并不完全是斯密模式中的"无阻碍"增长，但增长的可靠性和强大性足以构成熊彼特"似是而非的资本主义"的基础。在凯恩斯那里，增长的轨迹并不那么确定，因为它取决于企业家的动物精神与饱和市场和节俭倾向之间的角力结果。然而，政府的适当干预可以弥补这种角力的结果。

　　在当今时代，海尔布隆纳的宇宙论问题似乎不可避免地必须包括可持续性，即必须涉及生产、分配以及生活环境的社会结构。在我们看来，熊彼特将经济视为一个复杂的演化系统，这一观点尤其适合将可持续性纳入分析（参见 Gowdy，2013）。但与此同时，熊彼特早期关于创新刺激增长的乐观观点与增长和可持续性之间的兼容性可能也存在矛盾。熊彼特早期的资本主义理论很可能已经超越地球的承受能力。

因此，我们可能会迎来 Schumpeter（1942）所描述的"似是而非的资本主义"的又一次转型。Schumpeter（1942）认为资本主义正朝着社会主义的方向发展，而这一次我们需要的是以"可持续性"为目标的转型，而不是"社会主义"。熊彼特复杂性传统的学术研究应该能够启迪我们，让我们了解可持续的经济体系和整个社会是如何运作的，以及企业家、工人、消费者和政府在这样的体系中应该扮演什么样的角色。更有可能的是，与经济学界早先的争论一样，这种建立在复杂性基础上的熊彼特理论可能与主流的均衡理论大相径庭，而且更加有用。

15.5　结论与展望

复杂性是一个指导原则，它使自然科学家和社会科学家都能建立有关演化系统发展的非均衡理论。这对秉承熊彼特传统的经济学家，尤其是国际熊彼特学会的经济学家来说，是一个重要的启发。复杂性也是较新的经济学文献所选择的概括性概念，这些文献涉及关联性和多样化。然而，正如我们在本文中所论证的，在这一"新"文献中，"复杂性"一词的含义与早期熊彼特文献大相径庭，新文献并没有真正努力将其与熊彼特思想联系起来。相反，它指的是使用一系列新颖的数据降维技术。

因此，我们认为，熊彼特理论界对复杂性这一主题的进一步发展，为我们进一步理解不均衡如何导致经济系统演化过程中的有序模式提供了契机，也就是说，我们建议在"旧"复杂性思想的基础上继续发展。我们还将这些关于非均衡和演化的观点视为"新"经济复杂性文献的潜在理论基础。这样，在"新"文献中发展起来的数据降维技术既能找到新的富有成效的应用，又能得到更好的理论基础。如果没有建立在理论基础上的精确研究假设，所提出的数据降维技术的价值可能仍然是有限的和临时的。

然而，最重要的是，我们认为复杂性思想需要应用于重大的社会挑战，首先是气候变化和可持续性。熊彼特因其对资本主义运作的"宏大观点"而被誉为远见卓识之士。这些观点在有关经济演变的复杂性文献中得到了很好的总结和应用。但是，熊彼特也意识到，这种体系会产生历史，即它们具有路径依赖性，会出现不可逆转的结构转变。熊彼特见证了创新组织的这种变化，并由此写出了《资本主义、社会主义和民主》一书。当代学者应见证经济向更可持续经济过渡的过程，并将其纳入《资本主义、可持续性与民主》（*Capitalism，Sustainability，and Democracy*）的理论。

附录：经济复杂性指数与主成分分析的比较

这两种方法（PCA 和经济复杂性指数）都是针对 2012 年国际贸易（出口额）数据集实施的，该数据集涵盖 155 个国家和协调制度 4 位数分类系统中的 1 224 个产品类别。我们计算了每个国家在每个产品类别中的显性比较优势(RCA)指标(在[0，1]这一区间内连续缩放)。

在 PCA 分析中，1 224 种产品被视为变量，155 个国家被视为观测值。然后，我们查看数据中的前两个主成分(因子得分)。这两个主成分是国家 RCA 的加权平均值，使用因子载荷作为权重。这些载荷是与变量相关矩阵的两个主要特征值相对应的两个特征向量。这两个主成分占据 RCA 数据总方差的 35.2%。图 15.1 的顶部面板绘制了这两个主成分对应空间中的 155 个国家。换句话说，在未进行数据降维的情况下，155 个国家在 1 224 维空间中表示，而现在则在 2 维空间中绘制。

在衡量经济复杂性时，我们首先创建比较优势矩阵(按国家排列产品的 RCA 值)的行标准化版本和列标准化版本。行标准化版本是将矩阵中的每个元素除以列的总和(该国所有 RCA 值的总和)，列标准化版本是将每个元素除以行的总和(该国所有产品的 RCA 值的总和)。然后，我们用列标准化矩阵与行标准化矩阵的转置相乘，创建一个新矩阵。该矩阵在复杂度计算中的作用类似于 PCA 中产品 RCA 的相关矩阵。

该矩阵的第一个特征值等于 1，属于该特征值的特征向量对每个乘积都有相同的值。因此，我们可以将其视为微不足道的情况，而将注意力转移到第二主导特征值上。产品复杂度被定义为属于矩阵第二主特征值的特征向量。[①]一个国家的"经济复杂性指数"(即

---

① Hidalgo 和 Hausmann(2009)提出的迭代方程收敛于第一特征向量，但 Hidalgo(2021)建议使用第二主特征向量。

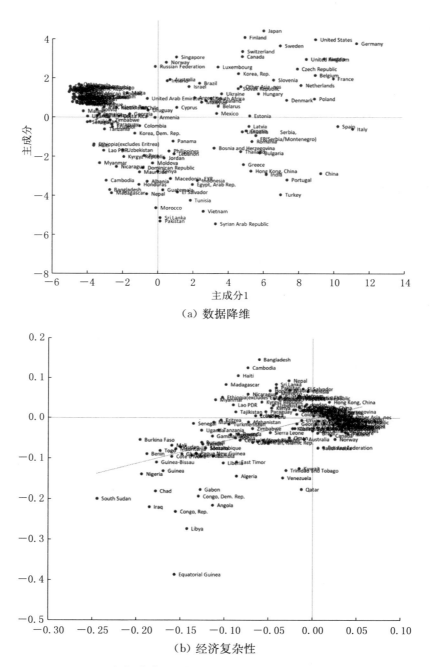

图 15.1　根据主成分分析进行数据降维和经济复杂性分析

"Fitness"）可以用特征向量作为权重，计算为该国 RCA 值的加权平均值。[1]因此，使用特征向量作为 RCA 的权重与 PCA 相似。

复杂性文献仅限于第二主特征向量，并将其视为"经济复杂性指数"（即上文所说的"Fitness"）。然而，还有 $(N-1)$ 个其他非三维特征向量，因此没有理由只关注第二主特征向量。因此，与图 15.1 中使用前两个主成分的方法类似，我们在二维空间中绘制了与 Fitness1 和 Fitness2 相对应的国家，它们分别使用第二和第三主导特征向量。其中使用的两个特征值相当于所有特征值总和的 9.1％，而第一个特征值（等于 1）则相当于另外的 28.7％。虽然我们将原始 RCA 数据降维为两个维度，但只需使用图 15.1 的横轴，就能获得新复杂性文献中偏爱的一维量。

主成分和适配度测量值相互关联：PC1 和 Fitness1 的 $R=0.807$，PC2 和 Fitness2 的 $R=-0.611$。尽管如此，两种数据降维方法之间还是存在一些明显的差异。其中之一是，虽然主成分在构造上是正交的（零相关），但 Fitness 测量却不是。如虚线趋势所示，它们呈现出轻微的正相关性。由于这种相关性（非常）不完全，很明显，相对于第一个特征向量，第二个特征向量增加了信息。由此看来，经济复杂度方法与 PCA 方法一样，都面临数据降维程度（即降低特征向量的数量）与降维后数据信息之间的权衡问题。

另一个引人注目的现象是，两种数据降维方法都会导致二维空间的一部分非常杂乱，即一组国家在两个维度上的数值非常相似。

---

[1] 或者，也可以对原始 RCA 矩阵进行转置，用与之前相同的方法进行标准化和乘法运算，得出 Fitness 是属于该矩阵第二主特征值的特征向量。这两种方法是等价的。

但是,这种情况发生在二维空间非常不同的部分:对于 PCA 方法来说,杂乱的主要是发展中国家(低收入国家),而对于经济复杂性方法来说,杂乱的主要是发达国家(富裕国家)。因此,哪种方法能提供最有用的见解,取决于我们对哪一组国家感兴趣。

通过对两种数据降维方法的比较,我们无法判断哪种方法"更好"。如果把与人均 GDP(对数)的相关性作为衡量标准,那么经济复杂性指数(Fitness1)的表现要好于第一个主成分。不过,在人均 GDP 的多元回归中,Fitness2 和随后的 Fitness3(我们没有在图 15.1 中记录)也同样重要。从技术角度解释,Fitness 与人均 GDP 的相关性要强于主成分,因为 Fitness 往往强调较贫穷国家之间的差异(图 15.1 中的杂波),而这些国家的增长率(和人均 GDP 水平)变化更大。然而,文献并没有提供一个强有力的理论逻辑来解释为什么会出现这种情况,因此,这两种测量方法在经验上的优劣很大程度上仍然没有定论。

参考文献

[1] Aghion, P. and P. Howitt, 1992, "A Model of Growth through Creative Destruction", *Econometrica*, Vol.60, 323—351.

[2] Albert, R. and A.L. Barabási, 2002, "Statistical Mechanics of Complex Networks", Reviews of Modern Physics, Vol.74, 67—97.

[3] Alcouffe, A. and T. Kuhn, 2004, "Schumpeterian Endogenous Growth Theory and Evolutionary Economics", *Journal of Evolutionary Economics*, Vol.14, 223—236.

[4] Arrow, K.J. and G. Debreu, 1954, "Existence of an equilibrium for

a competitive economy", *Econometrica*, Vol.22, 265—90.

[5] Aunger, R., 2007, "Major Transitions in 'Big' History", *Technological Forecasting & Social Change*, Vol.74, 1137—1163.

[6] Balland, P., A., Broekel, T., Diodato, D., Giuliani, E., Hausmann, R., O'Clery, N. and D. Rigby, 2022, "The New Paradigm of Economic Complexity", *Research Policy*, Vol.51, 104450.

[7] Becker, M.C. and T. Knudsen, 2002, "Schumpeter 1911: Farsighted Visions on Economic Development", *The American Journal of Economics and Sociology*, Vol.61, 387—403.

[8] Beinhocker, E.D., 2006, *The Origin of Wealth: Evolution, Complexity, and the Radical Remaking of Economics*, Cambridge MA: Harvard Business School Press.

[9] Boyer, R., 1988, *Formalizing Growth Regimes*, in Dosi et al., 608—630.

[10] Chaisson, E.J., 2014, "The Natural Science Underlying Big History", *The Scientific World Journal*, Vol.2014, article ID 384912.

[11] Dosi, G., 1982, "Technological Paradigms and Technological Trajectories", *Research Policy*, Vol.11, 147—162.

[12] Dosi, G., Freeman, C., Nelson, R.R., Silverberg, G. and L. Soete (eds.), 1988, *Technical Change and Economic Theory*, London: Francis Pinter.

[13] Dosi, G., Fagiolo, G. and A. Roventini, 2010, "Schumpeter Meeting Keynes: A Policy-friendly Model of Endogenous Growth and Business Cycles", *Journal of Economic Dynamics and Control*, Vol.34, 1748—1767.

[14] Dosi, G., and D.J. Teece, 1998, "Organizational Competencies and the Boundaries of the Firm", In: Arena, R., Longhi, C. (eds.),

Markets and Organization, Springer, Berlin, Heidelberg.

[15] Eigen, M., 1971, "Self-organisation of Matter and the Evolution of Biological Macromolecules", *Naturwissenschaften*, Vol.58, 465—523.

[16] Fagerberg, J., Srholec, M. and B. Verspagen, 2010, "Innovation and Economic Development", in: Hall, B. H. and Rosenberg, N. (eds.), *Handbook of the Economics of Innovation*, Elsevier, Amsterdam, 833—872.

[17] Freeman, C., Clark, J. and L. Soete, 1982, "Unemployment and Technical Innovation. A Study of Long Waves and Technologies", London: Frances Pinter.

[18] Freeman, C. and F. Louçā, As *Time Goes By: From the Industrial Revolutions to the Information Revolution*, Oxford: Oxford University Press.

[19] Freeman, C. and C. Perez, 1988, "Structural Crises of Adjustment", *Business Cycles and Investment Behaviour*, in G. Dosi et al., 38—66.

[20] Frenken, K. and A. Nuvolari, 2004, "The Early History of Steam Engine Technology: An Evolutionary Interpretation Using Complexity Theory", *Industrial and Corporate Change*, Vol. 13, 419—450.

[21] Frenken, K., 2006, "Technological Innovation and Complexity Theory", *Economics of Innovation and New Technology*, Vol.15, 137—155.

[22] Frenken, K., van Oort, F. and T. Verburg, 2007, "Related Variety, Unrelated Variety and Regional Economic Growth", *Regional Studies*, Vol.41, 685—697.

[23] Fuentes, M.A., 2014, "Complexity and the Emergence of Physical

Properties", *Entropy*, Vol.16, 4489—4496.

[24] Georgescu-Roegen, N., 1971, *The Entropy Law and the Economic Process*, Cambridge: Cambridge University Press.

[25] Gleick, J., 1987, Chaos. Making a New Science, London: Viking.

[26] Gowdy, J., 2013, *Coevolutionary Economics: The Economy, Society and the Environment*, Berlin: Springer Science & Business Media.

[27] Haken, H., 1983, *Synergetics: An Introduction*, Berlin: Springer Verlag.

[28] Heilbronner, R.L., 1984, "Economics and Political Economy: Marx, Keynes, and Schumpeter", *Journal of Economic Issues*, Vol. 18, 681—695.

[29] Hidalgo, C.A., 2021, "Economic Complexity Theory and Applications", *Nature Reviews Physics*, Vol.3, 92—113.

[30] Hidalgo, C.A. and R. Hausmann, 2009, "The Building Blocks of Economic Complexity", *Proceedings of the National Academy of Sciences USA*, Vol.106, 10570—10575.

[31] Holland, J.H. and J.H. Miller, 1991, "Artificial Adaptive Agents in Economic Theory", *American Economic Review*, Vol.81, 365—370.

[32] Kauffman, S.A., 1993, *The Origins of Order: Self-Organization and Selection in Evolution*, Oxford: Oxford University Press.

[33] Kauffman, S.A., and E. D. Weinberger, 1989, "The NK Model of Rugged Fitness Landscapes and Its Application to Maturation of the Immune Response", *Journal of Theoretical Biology*, Vol.141, 211—245.

[34] Kemp-Benedict, E., 2014, "An Interpretation and Critique of the Method of Reflections", *MPRA Working Paper* No.60705,

https://mpra.ub.uni-muenchen.de/60705/.

[35] Langton, C.G., 1990, "Computation at the Edge of Chaos: Phase Transitions and Emergent Computation", *Physica D*, Vol. 42, 12—37.

[36] Levinthal, D. A., 1997, "Adaptation on Rugged Landscapes", *Management Science*, Vol.43, 934—950.

[37] Lewin, R., 1992, *Complexity. Life at the Edge of Chaos*, New York: Collier Books.

[38] *Industrial and Corporate Change*, *Vol.19*, Issue 4, August 2010, 1301—1316.

[39] Mensch, G., 1979, *Stalemate in Technology: Innovations Overcome the Depression*, Cambridge MA: Ballinger (translated from the German Das Technolgische Patt, Franfurt: Umschau, 1975).

[40] Miller, J.H. and S.E. Page, 2009, *Complex Adaptive Systems: An Introduction to Computational Models of Social Life*, Princeton: Princeton University Press.

[41] Mirowski, P., 1991, *More Heat Than Light: Economics as Social Physics, Physics as Nature's Economics*, Cambridge: Cambridge University Press.

[42] Nelson, R.R. and S.G. Winter, 1982, *An Evolutionary Theory of Economic Change*, Cambridge MA: The Belknap Press.

[43] Prigogine, I. and I. Stengers, 1984, *Order out of Chaos. Man's New Dialogue with Nature*, New York: Bantam Books.

[44] Pyka, A. and G. Fagiolo, 2007, "Agent-based Modelling: A Methodology for Neo-Schumpetarian Economics", in Hanusch, H. and A. Pyka(eds.), *Elgar Companion to Neo-Schumpeterian Economics*,

Cheltenham: Edward Elgar Publishing.

[45] Romer, P., 1990, "Endogenous Technological Change", *Journal of Political Economy*, Vol.98, Part 2, S71—S102.

[46] Ruelle, D., 1991, *Chance and Chaos*, Princeton: Princeton University Press.

[47] Sahal, D., 1981, *Patterns of Technological Innovation*, London: Addison-Wesley.

[48] Schumpeter, J.A., 1911, *Theorie der wirtschaftlichen entwicklung*, Leipzig: Duncker & Humblot.

[49] Schumpeter, J.A., 1934, *The Theory of Economic Development*, Cambridge: Harvard University Press.

[50] Schumpeter, J.A., 1939, *Business Cycles. A Theoretical*, *Historical and Statistical Analysis of the Capitalist Process*, New York Toronto London: McGraw-Hill Book Company.

[51] Schumpeter, J.A., 1942, *Capitalism*, *Socialism and Democracy*, New York: Harper and Row.

[52] Silverberg, G., 1988, "Modelling Economic Dynamics and Technical Change: Mathematical Approaches to Self-organisation and Evolution", in: Dosi, et. (eds.), 531—595.

[53] Silverberg, G., Dosi, G. and L. Orsenigo, 1988, "Innovation, Diversity and Diffusion: a Self-organisation Model", *Economic Journal*, Vol.98, 1032—1054.

[54] Silverberg, G. and B. Verspagen, 1994, "Learning, Innovation and Economic Growth: A Long-run Model of Industrial Dynamics", *Industrial and Corporate Change*, Vol.3, 199—223.

[55] Silverberg, G. and B. Verspagen, 2005, "A Percolation Model of Innovation in Complex Technology Spaces", *Journal of Economic*

Dynamics and Control, Vol.29, 225—244.

[56] Solow, R.M., 1956, "A Contribution to the Theory of Economic Growth", *The Quarterly Journal of Economics*, Vol.70, 65—94.

[57] Spier, F., 2005, "How Big History Works: Energy Flows and the Rise and Demise of Complexity", *Social Evolution & History*, Vol.4, 87—135.

[58] Spier, F., 2011, "How Big History Works: Energy Flows and the Rise and Demise of Complexity", in: Grinin, L.E., Carneiro, R.L., Korotayev, A.V. and F. Spier(eds), *Evolution: Cosmic, Biological, and Social*, Volgograd: Uchitel Publishing House, 30—65.

[59] Tesfatsion, L., 2002, "Agent-based Computational Economics: Growing Economies from the Bottom up", *Artificial Life*, Vol.8, 55—82.

[60] Verspagen, B., 2005, "Innovation and Economic Growth", in: Fagerberg, J., Mowery, D.C. and Nelson, R.R. (eds.), *The Oxford Handbook of Innovation*, Oxford: Oxford University Press, 487—513.

[61] Waldrop, M.M., 1992, *Complexity. The Emerging Science at the Edge of Order and Chaos*, London: Viking.

[62] Walras, L., 1874, *Éléments d'Économie Politique Pure, ou Théorie de la richesse sociale*, Lausanne: L. Corbaz.

[63] Watts, D.J. and S. Strogatz, 1998, "Collective Dynamics of Small-world Networks", *Nature*, 393, 440—442.

[64] Wolfram, S., 1984, "Universality and Complexity in Cellular Automata", *Physica D*, Vol.10, 1—35.

16 从技术变革中寻求全球可持续发展的新动能

——第 19 届国际熊彼特学会会议观点综述

袁 礼*

2022 年 7 月 8—10 日,第 19 届国际熊彼特学会会议(The 19th Conference of the International Joseph A. Schumpeter Society)在湖南师范大学举办,这是国际熊彼特学会会议首次在中国召开,由第 19 届国际熊彼特学会主席欧阳峣教授担任大会主席,会议主题是"技术革命和全球可持续发展新动能"。来自中国、德国、英国、法国、美国、意大利、瑞典、荷兰、波兰、墨西哥、巴西、日本、韩国、印度、南非等二十多个国家和地区的专家学者参加会议。与会专家结合熊彼特理论和世界经济发展趋势,围绕技术革命对全球可持续发展的影响、产业政策和发展中国家的技术赶超以及熊彼特理论的创新

* 湖南师范大学商学院副教授。

发展等问题进行了深入探讨。

16.1 技术革命怎样影响全球可持续发展？

人类社会正面临新冠疫情、气候变化、贫困和不平等、生物多样性锐减和能源安全等多重挑战，在这一严峻的背景下，联合国提出17项可持续发展目标。那么，怎样利用新技术变革应对这些重大挑战，促进全球经济可持续发展？

湖南师范大学欧阳峣教授提出，在全球经济长期增长低迷的背景下，应该遵循通过创造性破坏实现增长的熊彼特范式，从新的技术变革中寻求全球可持续发展的新动能。他认为有三个问题值得认真研究：一是研究当代技术变革的趋势和特征，以及怎样利用技术变革促进可持续发展；二是研究当代发达国家技术变革效应，以及怎样通过新的技术突破实现新增长；三是研究当代新兴国家技术变革路径，以及怎样通过技术创新跨越"中等收入陷阱"。

英国牛津大学傅晓岚教授以数字技术为例，从三个方面阐述技术创新如何实现可持续发展目标。一是基于数字技术的商业模式创新，如短视频数字平台能够使基层企业家快速增长，为边缘化社会创造财富和机会，促进当地社区的经济发展，继而实现包容性发展。二是技术创新和社会创新的融合发展，如在新冠疫情期间数字技术是突破障碍、促进创新合作关系形成的重要助推因素，能够使创新合作的沟通和管理更加便利，从而促进社会创新。三是技术创新对传统产业的改造，如数字化能够通过提升服务的可交易性改变服务贸易模式,这种数字交付化服务贸易可能成为经济发展的新引擎,能够通过就业创造、提升社会福利、激励创新和提高生产率,为欠发达国家带来新的发展机遇。

美国亚利桑那州立大学玛瑞安·费尔德曼(Marian Feldman)教授认为以人工智能、大数据和物联网为代表的第四次技术革命,正在对社会和经济结构产生重要影响。而此次技术革命兴起的新技术尽管能够提供更多机会,但研发生产率下降和创业浪潮减退亦相伴发生,初创企业往往被更大的技术平台收购,从而导致市场竞争受限,引发数字资本主义,使得地区间收入不平等加剧。正是基于此,部分地区的知识吸收和溢出能力有限,使得技术革命形成的跨地区知识溢出效应远低于预期。

法国斯特拉斯堡大学斯特法诺·比安奇尼教授讨论了建立一个数字化和可持续发展的社会所带来的机遇和挑战。世界正处于技术革命之中,新技术层出不穷,而推动数字化转型的驱动力可能是人工智能。这些新技术构成数字化生态系统,并最终实现数字化转型。数字化转型有益于健康发展、优质教育,有效推动可持续的城市和社区建设,并推动更多的气候变化行动。但数字化转型也存在一定的局限性,可能引发私人组织、公共组织和公众之间的利益冲突,还会带来数据隐私问题、道德问题,以及负面的环境影响。总而言之,数字化转型有助于实现79%的可持续发展目标,但也将带来约35%的负面影响。

英国苏塞克斯大学玛丽亚·萨沃纳(Maria Savona)教授关注数字时代下数据的价值和权利。数据集是由硬件、软件和机器生成的，而不是由人类的创造力产生的。数据描述的是对事实的观察和测度，而非人类思维的创造性产物。在此基础上，可将数据分为作为无形资本的数据和作为劳动的数据。数据库、数据分析和情报作为一种企业资产，政府应对其征税，或者将其作为一种公共产品，用于创造公共利益。数据生产者若提供了有偿劳动，则应该得到价值和工资。相对于大型平台或出版商，数据在道德方面和资金方面均拥有著作权。

浙江大学吴晓波教授从背景、机遇、挑战、案例等多个层面，介绍了第六次技术创新范式的崛起。在数据要素成为生产要素、数据资源成为关键资源、全要素数字化不断深化的背景下，新一代数字技术使创新来源更加丰富、创新主体更加开放，其包容性和互补性驱动了创新范式的深刻变革，直接推动了基于价值网络的第六代技术创新范式的崛起，基于价值网络的新型分工体系催生新的商业模式不断涌现。传统企业纷纷引入数字技术，加大自身资金投入进行数字转型以应对竞争日趋激烈、盈利空间缩小的困境。当前新兴产业加速迭代，创新已经成为数字经济发展重要的驱动力，并成为企业制胜的关键。数字经济与一、二、三产业之间的跨界融合实践不断推陈出新。数字经济的跨界融合拥有万亿级巨大市场，"数字经济＋"模式将存在于每一个产品、每一项服务和每一个经济活动中，并不断进行业态升级。互联时代的机遇包括提高资产和服务效率，升级服务产品，打破单一数据，实现内部协同。

塞尔维亚贝尔格莱德经济科学研究所米里亚娜·拉多维奇-马尔科维奇教授认为，熊彼特的创造性破坏理论为解释数字经济中的增长提供了经济学基础。有鉴于此,创业精神和新知识是数字经济的主要驱动力,而在向数字经济转换的过程中新工作方式和工作岗位的创造存在滞后性,即创造性破坏并不能立即有效遏制工作岗位减少。尤其是当工人缺乏正规教育或技能,无法适应数字经济时。在此背景下,应当开发一种新的教育形式以应对数字经济的新需求,即基于能力的教育或个性化学习。她阐释了基于能力的教育的概念、基于能力的教育与传统教育的差别,以及基于能力的教育与个人职业发展之间的关系。她指出在第四次工业革命叠加新冠疫情冲击的背景下,亟须通过基于能力的教育使大学生能够快速适应竞争激烈的劳动力市场。

16.2　产业政策怎样助推发展中国家的技术赶超?

绝大多数发展中国家在达到中等收入水平后,出现经济增长停滞现象,难以跨越高收入国家门槛,甚至重新跌至低收入水平,即陷入中等收入陷阱。在二战后的近二百个发展中国家中,仅有两个国家从低收入国家跻身为高收入国家。那么,发展中国家究竟如何才能跨越中等收入陷阱,迈向高收入国家门槛?

北京大学林毅夫教授从新结构经济学视角阐释产业政策如何促进发展中国家实现技术赶超和趋同。基于一国的比较优势由其禀赋结构决定这一原则,遵循一国的比较优势来发展该国产业和软硬基础设施,是实现持续增长和经济追赶的最优途径。在此过程中,发展中国家具有后发优势,能比高收入国家更快实现技术创新和产业升级,从而成功追赶高收入国家。如果发展中国家的政府能在有效市场中发挥促进作用,根据产业结构来推动创新发展,将潜在比较优势转变为实际比较优势,则该国能比高收入国家实现更快的经济增长,避免陷入低收入、中等收入陷阱。产业政策是政府推动一国技术创新的重要抓手。虽然各国政府都试图利用产业政策促进创新,但大多数都失败了,其原因在于政府的目标产业违反了本国的比较优势原则。产业政策若想取得成功,应当瞄准具有潜在比较优势的产业。政府可根据其与全球技术前沿的差距、创新周期和战略意义,选择符合本国潜在比较优势的产业。具体而言,新结构经济学将中等收入国家的产业分为追赶型产业、领先型产业、转进型产业、换道超车型产业以及战略型产业,产业政策应当依据不同产业的特性,促进和支持不同方式的产业创新。

韩国首尔大学李根教授从宏观、中观和微观三个维度阐释了技术周期对中等收入国家实现经济赶超的价值。首先,国家创新体系是宏观国家层面技术赶超的关键,创新速率高、技术周期短、原创性低、本地化程度高、多样化程度高的国家更易实现经济赶超。其次,产业创新体系是中观层面技术赶超的重点,技术周期短、专有性高、显性知识行业和出口导向的寡头垄断行业更易实现高速增长和经济赶超。再次,企业创新体系对于微观层面的经济赶超具有重要影响,专利周期短的企业往往可以通过借贷和投资行为,提高企业销售量和利润率,从而进一步提升企业价值。最后,他认为技术周期的长短、技术多样化和技术本土化水平等是中等收入国家实现经济赶超、跨越中等收入陷阱的关键因素。

德国耶拿大学乌维·坎特纳教授关注突破式技术变革时代下的技术主权问题。他认为世界正处于突破式创新和变革的时代,具体表现在三个方面:一是生产率增长放缓,技术发展和改进存在瓶颈;二是可持续发展目标的提出,而技术改进的方向需要与可持续发展目标相符;三是地缘政治等外部环境阻碍了生产率提升及可持续发展目标的实现。在此基础上,他对不同国家关键技术领域的优势和劣势进行了对比分析,测算出关键技术领域的跨国专利和出版物的均值水平,并引入差距模型演绎不同知识水平的两个国家之间技术差距是如何变化的。最后,他认为可通过内部生产或国际贸易采购获得技术主权,相关产业政策有利于维护国家和地区的技术主权。

华中科技大学张建华教授认为,已占中国经济主导地位的服务业的内部结构需要在消费和生产方面加以优化。通过服务业供给侧结构性改革,推进先进制造业与现代服务业深度融合,促进形成强大的国内市场,是中国跨越中等收入陷阱的关键之举。他选取 45 个非石油出口型经济体 1950—2010 年的数据,刻画了世界服务业结构演化的典型事实,并将其中跨越中等收入陷阱的亚洲经济体与跌入中等收入陷阱的拉美经济体及亚洲"四小龙"作为典型进行比较,进而构建出包含消费性服务业、生产性服务业和人力资本供给的匹配模型,揭示了服务业结构升级视角下中等收入陷阱的形成机理和跨越条件。

复旦大学寇宗来教授沿袭熊彼特经济理论,从创新和企业家精神的视角探索中国奇迹的"发现"机制。按照比较优势理论,一旦中国从一个封闭经济融入国际分工体系,就应该专业化或充分挖掘其在劳动密集型产业上的比较优势。但具体到实践中,这种比较优势需要微观主体通过不断的试错过程予以发现。但正如丹尼·罗德里克所指出的,自由市场并不能为此提供充分或正确的机制,因为竞争者的快速模仿会导致创新者无法收回他们的试错成本。改革开放以来,中国逐渐形成中国特色社会主义市场经济体制。这是一种政治上高度集权而经济上高度分权的"斯芬克斯"体制,它能够为发现和挖掘中国在国际分工体系中的比较优势提供强大激励。这种体制产生了两种类型的企业家群体,即"政治企业家"和"经济企业家"。中国经济的快速、可持续发展,正是这两种企业家良性互动的结果,中国经济特区建设和基础设施建设就是有力证据。诚如熊彼特所指出的,经济发展在很大程度上是由创新和企业家精神推动的,但这个创造性破坏过程不但会产生赢家,也会产生输家。许多经济体之所以无法实现可持续的经济增长,是因为没有或者不能妥善安置输家,社会由此陷入混乱,经济增长随之停滞或者走向终结。"斯芬克斯"体制在中国之所以创造经济发展奇迹,可以归结为如下基本原则:发展是硬道理,因而市场必须发挥决定性作用;稳定压倒一切,因而政府必须发挥更好作用;两手都要抓,两手都要硬。

日本早稻田大学清水弘教授认为,设立分拆企业是促进创新的重要途径,但分拆企业究竟能否促进创新却有待进一步考察。他以激光二极管行业为例,结合 SBIR 项目阐释如何实现创业与创新的同步发展。1982 年美国政府实施 SBIR 项目,与日本相比,美国激光二极管行业基础技术后续开发的可能性降低了。SBIR 项目似乎能够促进创业企业的研发实现"低果先摘"。但实际上，美国政府通过投资于新兴通用技术，承担了企业创新的大部分社会成本，在培育创业企业可摘的"低果"时发挥了重要作用。

16.3 熊彼特理论怎样实现发展与创新？

研究熊彼特理论的学者认为，经济系统始终在经历变革，而创新则是变革的核心驱动力。熊彼特认为经济变革是一个演化过程，这一观点亦对后续实证研究产生了重要影响，但其深层次的理论内涵究竟如何，在新技术革命条件下怎样实现发展与创新？

美国哥伦比亚大学理查德·R.纳尔逊教授从四个方面解读了"创新驱动经济变革是一个演化过程"的理论内涵。第一，创新驱动的经济变革与生物学中的进化不同，生物进化中的突变具有随机性，而经济创新很大程度上是经济参与者计划和有重点地开展活动的结果，他们通常要运用非常复杂的知识体系来指导自己的行为。经济活动领域的持续进步需要不断同时进行多种不同的创新，其中许多会失败，但有些会站稳脚跟。第二，创新驱动的经济变革有助于我们思考所涉及的过程，并将其视作演化过程，强调创新和创新驱动的经济变革难以准确预测或详细规划，这是为了强调要认识到其中的不确定性和高失败率风险。第三，最紧迫的经济挑战是提高发展缓慢的商品和服务的质量及生产率，特别是理解不同产业技术进步差距背后的原因。第四，成功的现代化国家往往通过不同的体制机制来推进创新，并组织和管理经济活动以满足多样化需求。此外,世界经济的复杂多样性也能为各国互相学习提供基础。

德国奥格斯堡大学霍斯特·汉思奇教授认为,社会成本能够解释气候变化所造成的生存风险。社会成本通常以负外部性或隐藏的副产品形式出现,这些外部性是气候变化产生破坏性影响的主要原因,因为市场部门无法衡量并将其纳入企业或公共部门的决策过程。市场外部性需要政府充当一种"修复引擎"来干预市场失灵,而气候政策和技术政策是熊彼特经济中干预市场过程或创新过程的两种方案。这两类政策虽然能解决气候变化的一些浅层问题,并暂时降低人类的生存风险;但是,两类政策均难以解决社会成本问题,因而并非长久之计,且都不能从根本上解决经济转型问题,即从"褐色"经济转向"绿色"经济。要实现这种深刻的转变,需要彻底改革国民账户体系,特别是将社会成本作为衡量经济交易价值的附加指标,使自由流动、共同演化发展的传统熊彼特体系,能够以"后熊彼特演化体系"形式再次回归。在这一体系中,创新和市场过程能够满足一个经济体实现繁荣及可持续发展等国家目标的要求,从而激发"褐色"经济向"绿色"经济转变的潜力。

清华大学陈劲教授认为,熊彼特范式聚焦于企业家对创新的作用,新熊彼特范式强调国家和政府政策在推动创新系统性发展方面的重要作用,而后熊彼特范式则关注人和人性对创新的影响,应当深入探讨创新与文明之间的相互演化关系。创新与文明的关系可以追溯到农业文明时期,当时以自给自足的农业活动为基础生产方式的经济形式能够解释人类文明史绝大多数时间内的经济运行规律。20世纪初以来,随着技术资本的逐渐沉淀,利润中心由有形财物的生产转向无形的服务性生产,劳动力也由农转工、由工转商,各种资源逐渐向第三产业转移,发展成为以服务业为基础的经济模式。20世纪中叶以后,代表性象征是计算机的诞生,信息产生价值并代表先进生产力,人类进入信息时代。各国的主要创新范式不同,其文明程度和创新也各不相同,因此有必要具体分析不同文明对创新的相互影响。我们不仅要关注创新对农业文明、工业文明、信息文明的促进作用,还要关注不同文明对创新的影响,探索人类文明与创新之间的双向演化机制,强化相互影响,提升文明水平。

意大利路易斯大学路易吉·马伦戈(Luigi Marengo)教授介绍了技术与组织复杂性的演变。组织经济活动的交易成本法由于忽视了经济活动之间相互联系的复杂性后果,特别是忽视了代理人冲突和利益分歧所产生的复杂性,其影响力逐渐削弱。随着冲突的增加,组织均衡将难以存在。因此,层级结构可能并不是针对交易成本、提高效率的补救措施,也可以理解为在持久的组织冲突中提供暂时性均衡的一种方式。人们有不同的、相互冲突的偏好,但经济理论通常假定,冲突可以通过分散化契约解决,而无需某一权威。交易成本经济学虽然认同这一观点,但也认识到有限理性可能会限制人们达成互利均衡结果的能力。他认为这种看法错误地低估了协调的复杂性,而协调问题是由冲突引起的。在两个代理人和一个冲突问题的简单情形以外,组织均衡往往不复存在。因此,在一个非线性的组织问题中,代理人可以无休止地、无成本地签订契约。此时,基于有限理性、交易成本、权威的存在,相对于假设的有效均衡而言,不再产生低效率。在一个没有交易成本和权威的假设世界中，这一决定性均衡并不存在，而是在一场无休无止的组织冲突中达成暂时均衡。

荷兰马斯特里赫特大学巴特·弗斯帕根教授从过去、现在、未来三个时间维度阐述经济学中的复杂性研究，包括三个方面。一是熊彼特经济学与经济复杂性、非均衡性的结合，特别是在后熊彼特时代，与热力学类似的复杂系统理论已成为其核心。二是经济复杂性新范式，即将"复杂性"一词置于核心位置，利用数据规约制定指标，以保留与经济发展、增长和可持续性等总体绩效相关的关键分类特征。三是经济非均衡性、复杂性和重大社会挑战，熊彼特动力学的复杂非均衡系统在本质上是演化的。熊彼特的无节制资本主义需要转变为可持续资本主义，而这一转变可以通过发展复杂系统理论来实现。

图书在版编目(CIP)数据

技术变革和全球可持续发展新动能 ：国际熊彼特学
会演讲集 / 欧阳峣，（美）理查德·R. 纳尔逊，（德）霍
斯特·汉思奇主编 ；石俊国，胡绪华译. -- 上海 ： 格
致出版社 ： 上海人民出版社，2024. -- ISBN 978-7
-5432-3601-1

Ⅰ. F11-53

中国国家版本馆 CIP 数据核字第 2024EG4196 号

责任编辑　李　月
装帧设计　路　静

技术变革和全球可持续发展新动能
——国际熊彼特学会演讲集

［中］欧阳峣　　［美］理查德·R.纳尔逊　　［德］霍斯特·汉思奇　主编
石俊国　　胡绪华　译

出　　版　格致出版社
　　　　　上海人民出版社
　　　　　（201101　上海市闵行区号景路 159 弄 C 座）
发　　行　上海人民出版社发行中心
印　　刷　上海盛通时代印刷有限公司
开　　本　720×1000　1/16
印　　张　12.25
插　　页　5
字　　数　124,000
版　　次　2024 年 8 月第 1 版
印　　次　2024 年 8 月第 1 次印刷
ISBN 978 - 7 - 5432 - 3601 - 1/F·1596
定　　价　88.00 元